우리에겐
기억할 것이 있다

우리에겐 기억할 것이 있다

눈길 닿는 현대사 담은 청소년을 위한 인권 이야기

박래군 원작
최은영 글   이해정 그림

훗

여는 글
아픈 역사를 기억해야 하는 이유

"모든 인간은 태어날 때부터 자유로우며 그 존엄과 권리에 있어 동등하다."

세계인권선언 제1조에 있는 말입니다. 여기서 가장 중요한 말은 "모든 인간"이라고 생각합니다. 사람이면 누구나 자유롭고, 존엄하며, 권리를 갖고 있다는 것이지요.

그런데 세상에는 사람이 사람을 차별하고, 폭력을 행사하고, 심지어는 목숨을 빼앗는 일들이 자주 일어납니다. 인류는 인권으로 이런 잘못된 세상을 바꾸자고 벌써 약 80년 전에 뜻을 모았습니다.

우리나라에도 세계인권선언을 부정하는 수많은 일들이 있었습니다. 그런 일들은 숨겨졌거나 진실과 다른 내용으로 정리되어 전해졌습니다. 불행한 일을 당한 사람들은 자신들의 피해를 말할 수 없었고, 억울함을 어디에도 호소할 방법이 없기도 했습니다.

    이 책은 우리 역사에서 불행했던 사건의 현장을 찾아가서 사건을 소개하고, 그때 그곳에 있던 사람들, 특히 피해자의 입장을 전하는 내용을 담고 있습니다. 끔찍한 학살의 현장이기도 하고, 억압에 맞서는 항쟁의 현장이기도 하고, 진실을 알리려고 애쓰는 사람들이 있는 현장이기도 합니다. 그런 곳을 굳이 찾아가는 이유는, 아프고 힘들다고 외면한다면 다시 그 불행한 일이 반복될 것이어서입니다. 그런 일들은 과거 독재 시대에나 일어날 수 있는 일들이라고 쉽게 생각하면 안 되기 때문입니다.

    저는 이 책을 읽는 어린이들이 이 책에서 소개하는 현장을 선생님 또는 부모님과 함께 찾아가 보고, 그때 그 시간, 그 현장에 내가 있었다면, 아니 내가 아는 누군가 있었다면 어땠을까를 생각해 보기를 바랍니다. 이 책에 소개된 역사의 현장에 있던 사람들도 자신이

그런 불행한 일을 당할 것이라고 아마도 생각하지 못했을 겁니다. 현장에서 보고 듣고 느끼는 그런 감정과 생각들이 소중합니다. 그런 감정과 생각들이 생기고, 더욱 커갈 때 모두가 자유롭고 존중받는 세상이 될 것이라고 생각합니다.

    제가 어른과 청소년을 위한 한국 현대사 인권 기행 책 《우리에겐 기억할 것이 있다》를 낸 지 3년 만에 어린이를 위한 책을 내게 되었습니다. 어린이들이 이해할 수 있도록 글을 새롭게 써 주신 최은영 작가님과 그림을 그려 주신 이해정 작가님께 원작자로서 깊이 감사드립니다.

    어린이들이 이 책을 통해서 인권을 배우고, 생각하는 데 도움이 되면 더 바랄 게 없겠습니다.

인권운동가 박래군

차례

4 　여는 글 _ 아픈 역사를 기억해야 하는 이유

8 　제주 4·3 사건 답사 여행

42 　전쟁기념관 답사 여행

64 　광주 5·18 민주화 운동 답사 여행

106 　남산 안기부 터와 민주인권기념관 답사 여행

128 　서대문형무소 역사관 답사 여행

152 　세월호 참사 답사 여행

제주 4·3 사건 답사를 떠나며

맑은 바다와 물질을 하는 해녀들, 초록 숲과 한라산과 오름, 봄이면 노오란 꽃이 피어나는 유채밭, 가을이면 향긋한 감귤이 무르익는 귤밭… 제주도를 생각하면 이렇게 아름다운 장소들이 수없이 떠오르지요. 하지만 이렇게 아름다운 제주 곳곳에 비극의 현장이 남겨져 있다는 사실, 혹시 알고 있었나요? 바로 제주 4·3 사건의 현장들입니다. 자세히 들여다보지 않으면 지나치기 쉬운 아픔과 한과 울음이, 자연이 만들어낸 아름다운 풍경 구석구석에 자리하고 있습니다. 하지만 4·3 사건의 현장에는 슬픔과 절망만 있는 것은 아니에요. 무시무시한 폭력에 끝까지 저항한 용기 있는 사람들의 역사도 함께 남아있어요. 제주의 흙과 바다, 바람과 언덕 사이로 제주 4·3 사건의 현장을 따라가며 답사를 떠나 봐요.

제주 4·3 사건 돌아보기

1945년 8월 15일, 일본이 연합국에 항복하면서 우리 민족은 일제로부터 해방되었습니다. 하지만 곧바로 미군이 한반도의 남쪽을, 소련군이 한반도의 북쪽을 점령하였습니다. 1945년 12월, 미국, 영국, 소련이 모여 모스크바 3국 외상 회의를 열었는데, 그 자리에서 미국은 우리 민족이 스스로 나라를 운영할 능력이 없으니 신탁 통치를 하겠다고 주장했어요. 신탁 통치란 유엔의 위임을 받은 나라가 아직 정치적으로 혼란한 지역을 일정 기간 다스리는 것을 뜻해요. 소련은 즉시 독립 국가를 세워야 한다며 맞섰지요. 우리 민족 안에서도 신탁 통치를 찬성하는 사람들과 반대하는 사람들 사이에 갈등이 커져 갔습니다. 그러던 와중에, 한때 연합국의 구성원으로 함께했던 미국과 소련은 각각 자본주의와 공산주의를 대표하는 나라로 부각되어, 서로를 적으로 만들었습니다.

제주 4·3 사건은 이렇듯 미국과 소련이 대립하고, 우리 민족 안에서도 이념 싸움이 극심했던 시기에 벌어진 일입니다. 1945년 광복 이후 1년 반이 지난 1947년 3월 1일, 제주도에서는 3·1 만세 운동을 기념하는 집회가 열렸습니다. 주민 3만 명이 제주 북초등학교에 모였고, 거리로 나가 행진을 했지요. 그때 말을 탄 경찰이 한 어린이를 치고 그대로 지나쳐 버렸습니다. 사람들이 그런 경찰을 비난하자 경찰은 사람들을 향해 총을 쏘았습니다. 여섯 명이 이 총에 맞아 세상을 떠났습니다.

충격을 받은 제주도 주민들은 거세게 항의했습니다. 하지만 경찰과 미군은 수천 명의 사람들을 가두고 고문했습니다. 당시에는 미군이 공산당 세력을 뿌리 뽑겠다며 제주도에 머무르고 있었습니다. 미군의 지휘를 받던 경찰은 일제강점기 때 조선인을 탄압했던 일제 경찰이었지요. 이들은 제주도 주민 전체를 '빨갱이'로 몰아세우고 마구잡이로 잡아 고문하거나 죽였습니다. 제주도 주민들의 분노는 커져만 갔습니다.

1948년 4월 3일, 결국 제주도 주민들은 무장을 하고 미군과 경찰에 맞서 싸우기 시작했습니다. 한라산에 올라 미군과 경찰을 기습 공격하기도 했습니다. 경찰과 미군은 남아 있는 무장대를 잡아들인다는 이유로 한라산 지역의 출입을 금지하고 근처에 사는 제주도 주민들을 마구 죽이고 마을 전체를 불에 태워 없애 버리기도 했습니다.

1954년 9월에야 한라산 지역이 다시 개방되면서, 제주 4·3 사건이 7년 7개월 만에 막을 내렸습니다. 그사이 아무 잘못도 없이 희생된 제주도 주민은 3만 명 이상이라고 합니다.

제주 4·3 사건 답사 코스

❶ 4·3평화공원 ······▶ ❷ 너븐숭이 4·3기념관과 북촌초등학교 ······▶ ❸ 낙선동 4·3성 ······
❺ 무명천 할머니 삶 터 ◀············ ❹ 잃어버린 마을 무등이왓과 큰넓궤 ◀············

4·3평화공원

위치: 제주시 봉개동

4·3평화공원은 답사 여행의 첫 방문지예요. 이곳은 4·3 사건 중 희생된 사람들과 살아남아 고통당한 제주도 주민들의 삶을 추모하는 평화와 인권 기념 공원이지요. 또한 앞으로 이런 일이 반복되지 않도록 4·3 사건의 역사를 사람들에게 제대로 알리는 곳이기도 해요. 4·3 사건이 어떻게 일어났는지 자세히 살펴볼 수 있기 때문에 4·3 사건에 대해 잘 모르는 사람들이라면 더욱더 이곳을 둘러보기를 추천해요.

4·3평화공원에는 4·3평화기념관이 있어요. 4·3평화기념관은 비행접시와 비슷한 모양이랍니다. 지하 1층부터 지상 4층까지 총 5층, 여섯 개의 관으로 이루어져 있지요. 기념관을 차례차례 둘러보며 제주 4·3 사건의 역사 속으로 들어가 볼까요?

제1관의 이름은 '역사의 동굴'입니다. 화산섬인 제주도에는 천연 동굴이 많습니다. 그리고 동굴은 언제나 제주도 주민들이 몸을 숨기는 피난처였어요. 아이의 손을 잡고, 가족과 함께 도망치며 땅속 동

행방불명자 묘역 앞에 세워진 조각 작품 〈해원〉.

굴로 숨어들었던 주민들의 마음을 느끼며 역사의 동굴 속으로 들어가 봐요.

전시관은 진짜 동굴처럼 현무암으로 둘러싸인 어두운 공간이에요. 통로를 따라서 걷다 보면 하늘에서 한 줄기 빛이 들어오는 둥근 공간을 만나게 되지요. 그 아래에는 아무 글자도 적혀 있지 않은 하얀 비석이 누워 있습니다. 마치 언젠가 4·3 사건의 진실이 모두 밝혀지고 모든 사건이 진정으로 해결되는 그날을 기다리는 제주도 주민들의 마음을 상징하는 것처럼요.

제2관부터는 4·3 사건에 대해 더욱 자세히 공부할 수 있습니다. 제2관과 제3관에는 해방 이후 제주도의 상황부터 1948년 4월 3일 주민들이 무장을 하고 맞서게 된 이유, 그 뒤로 어떤 일들이 벌어졌는지까지 자세히 안내되어 있어요.

제4관은 '불타는 섬'이라는 이름이 붙어 있어요. 마을 전체가 사라질 정도로 잔인했던 대학살, '초토화 작전'에 대해 보여주는 전시관이기 때문이지요. 안으로 들어가면 흰 벽으로 둘러싸인 둥근 방이 있습니다. 벽에는 초토화 작전으로 목숨을 잃은 제주도 주민들의 모습이 조각되어 있어 끔찍했던 당시의 상황이 그대로 전해집니다.

제4관 옆쪽에는 '다랑쉬 특별전시관'이 있습니다. 다랑쉬 동굴은 하도리와 종달리 마을 사람 열한 명이 피신해 살다가 발각되어 목

초토화 작전

1948년 11월, 미군과 경찰은 제주도 해안을 가로막고 제주도를 완전히 고립시켰습니다. 그러고는 토벌대를 조직해 한라산 중턱 마을에 살고 있던 평범한 마을 사람들을 닥치는 대로 죽이고 마을을 불태워 버렸습니다. 이것이 바로 제주 4·3 '초토화 작전'입니다. 이 작전으로 수많은 제주도 주민들이 체포되거나 목숨을 잃었습니다. 그 뒤 한국전쟁이 일어났고, 미군과 경찰은 체포해 가두어 두었던 사람들까지 모두 죽였습니다. 4·3 사건으로 희생당한 사람들 가운데 80퍼센트 정도가 이 초토화 기간에 목숨을 잃었습니다.

숨을 잃은 곳이지요. 1948년 12월 18일, 토벌대는 다랑쉬오름을 수색하다가 이 굴속에 사람들이 숨어 있는 것을 발견했습니다. 사람들이 굴 밖으로 나오지 않자, 토벌대는 굴 입구에 불을 피워 연기를 굴속으로 불어넣는 동시에 굴 입구를 막아 버렸습니다. 굴속 사람들은 모두 고통스럽게 질식당해 죽어 갔습니다. 이 비극의 현장은 1992년에야 발굴되어 세상에 드러났습니다.

'다랑쉬 특별전시관'에 들어서면 발굴 당시 모습 그대로의 동굴을 볼 수 있습니다. 사람들은 밖에서 들어오는 연기를 피하려고 동굴 벽에 모여 있다 목숨을 잃었습니다. 그 가운데는 어린이들도 있었습니다. 전시관에는 옷과 밥그릇, 숟가락, 안경, 요강 등 생활용품들도 전시되어 있습니다. 마지막 순간까지 밥을 지어 먹으며 희망을 놓지 않았던 사람들의 삶을 짐작할 수 있지요.

이제 기념관 밖으로 나와, 추모 공원으로 발걸음을 옮겨 볼까요? 원 모양의 공원 한가운데에 위령탑이 서 있고 그 주위를 각명비가 빙 둘러싸고 있어요. 각명비란 4·3 사건으로 희생당한 사람들의 이름과 나이 등을 새겨 놓은 비석을 말해요. 제주 4.3 사건의 희생자 수는 대략 3만 명 정도로 알려져 있지만, 희생자를 확인하고 인정하는 일은 아직도 계속되고 있어요. 정부는 제주 4·3 사건 피해자의 명예 회복을 위해 '희생자 및 유족 추가 신고'를 실시하고 있지요. 2020년까지 공식적으로 희생자로 인정받은 이들은 모두 14,532명인데, 이 중 14,091명의 이름이 이 비석에 마을별로 적혀 있어요. 수많은 비석에 빼곡하게 적힌 이름들을 읽다 보면 어떻게 이런 비극적인 일이 일어났는지 놀라게 됩니다. 기억해야 할 것은, 이 이름들이 희생자의 전부가 아니라는 사실이에요. 가족 모두가 목숨을 잃었거나 사망신고를 해 줄 가족이 없었던 사람의 이름은 여기 새겨지지 못했으니까요.

각명비 옆에는 〈귀천〉이라 이름 붙은 비석 다섯 개가 나란히 서 있어요. 4·3 사건 당시 희생된 사람들을 추모하는 추모비예요. 어른 둘과 아이 둘, 네 사람이 각각 그려진 비석 네 개와 수의만 그려진 비석 하나가 보입니다. 수의만 그려진 비석은 세상에 태어나지도 못하고 죽은 아기를 상징한다고 해요. 그만큼 4·3 사건은 어른, 아이 구분 없이 평범한 사람들이 이유 없이 희생된 사건이었어요.

추모비 뒤의 계단을 오르면 추념 광장과 위령 제단이 있고 오른편으로 돌아서 내려오다 보면 '행방불명인 표석'이 있습니다. 제주 4·3 사건 희생자 중 시신조차 찾지 못해 행방불명된 사람들을 추모하는 공간이지요. 이들은 어디로 사라진 걸까요? 대부분 체포되어 형무소에 갇힌 뒤 다시는 고향으로 돌아오지 못했다고 해요. 한국전쟁이 터지자, 총살되어 암매장당했기 때문입니다. 이렇게 행방불명된 사람들이 5천여 명에 이릅니다.

추모 공원 한쪽에는 〈비설〉이라는 조각상이 있어요. 1949년 1월 6일, 스물다섯 살이었던 변병생 씨는 토벌대가 쳐들어온다는 소식에 두 살배기 딸을 안고 눈밭을 달려 도망치기 시작했습니다. 하지만 토벌대는 곧 이 여인을 발견하고 총을 쏘았습니다. 변병생 씨는 총에 맞고서도 한 발 한 발 걸어가다, 아이를 품에 안은 채 그 자리에서 세상을 떠나고 말았습니다. 조각상 〈비설〉은 실제 일어난 이 사건을

변병생 모녀 조각상 〈비설〉.

묘사하고 있어요.

〈비설〉을 둘러싼 돌담에는 '웡이 자랑, 웡이 자랑'으로 시작하는 자장가가 새겨져 있습니다. 조각상 〈비설〉과 돌담 위 자장가를 바라보면, 영문도 모른 채 차가운 엄마 품에서 죽어 갔을 아기와 아기만은 끝까지 지키고 싶었을 엄마의 마음이 떠올라요.

조천읍 북촌 마을에 있는 《순이 삼촌》 문학비.
《순이 삼촌》은 4·3 사건을 소재로 한 현기영의 소설이다.

너븐숭이 4·3기념관과
북촌초등학교

위치: 제주시 조천읍

4·3평화공원을 다 둘러봤다면, 이제 본격적으로 답사 여행을 시작해 볼까요? 가장 먼저 향할 곳은 북촌리입니다. 이 마을에는 일제강점기에 일본에 맞서 항일 운동을 벌인 사람들이 많았다고 해요. 해방이 된 후에도 마을 사람들이 스스로 대표를 뽑아 마을 살림을 운영해 왔지요. 그런데 1949년 1월 17일, 이곳에서 수많은 사람들이 목숨을 잃는 사건이 일어납니다. 지금은 평화롭고 아름답기만 한 이 마을에 어떤 일이 있었던 걸까요? 너븐숭이 4·3기념관과 북촌초등학교를 돌아보며 그 비극의 흔적을 따라가 봐요.

북촌리는 조천읍 동쪽 끝에 자리 잡은 바닷가 작은 마을이에요. 가까이에는 북촌항이라는 작은 항구가 있고, 아름다운 바다가 마주 보이지요. 이 마을에 들어서면 가장 먼저 '너븐숭이 4·3 유적지'가 눈에 띕니다. 너븐숭이는 이 지역을 가리키는데, '넓은 돌밭'이라는 뜻의 제주 사투리예요. 너븐숭이 4·3 유적지는 북촌리 학살 사건을

강요배, 〈젖먹이〉, 2007, 캔버스에 아크릴릭, 160X130㎝. (사진 제공: 학고재 갤러리)

기억하고자 지어진 곳입니다. 북촌 마을 사람들 수백 명이 목숨을 잃은 북촌리 학살 사건이 대체 무엇인지, 유적지 안에 있는 기념관 내부로 들어가 함께 알아봐요.

 4·3기념관 안에는 북촌리 학살 사건이 어떻게 시작되었고, 북촌 마을 사람들이 어떻게 목숨을 잃었는지를 알려 주는 사진과 자료로 가득합니다. 시작은 1949년 1월 17일 아침이었습니다. 함덕으로 가던 군인들 중 두 명이 이곳 너븐숭이에서 무장대의 기습을 받아 죽었습니다. 마을 사람들은 죽은 군인들을 들것에 실어 군부대로 찾아갔지요. 그런데 흥분한 군인들은 군부대로 찾아온 마을 사람들을 죽이고, 그것으로도 모자라 북촌 마을에 불을 질렀습니다. 집 400여 채가 불에 탔습니다.

 군인들은 마을 사람들을 강제로 북촌초등학교에 모이게 했습니다. 그런 다음 총을 쏘아 사람들을 죽이기 시작했지요. 아기부터 노인에 이르기까지 400여 명의 사람들이 북촌초등학교와 학교 옆 들밭으로 끌려가 목숨을 잃었습니다. 이것이 바로 북촌리 학살 사건입니다.

 너븐숭이 4·3기념관에 들어서자마자 우리의 눈길을 잡아끄는 그림이 있습니다. 바로 강요배 화가의 작품 〈젖먹이〉입니다. 엄마는 피를 흘리며 쓰러져 있는데 그 품 안에서 아기가 젖을 빨고 있어요. 슬

> ## 북촌리의 1월 17일
>
> 북촌리에서 1월 17일은 모두가 제사를 지내는 날입니다. 왜냐고요? 북촌리 학살 사건에서 목숨을 잃은 가족이나 친척이 한 집에 한 명씩은 반드시 있게 마련이기 때문입니다. 희생자의 수가 너무 많아 세계에서도 유례를 찾기 힘들 정도라고 해요.

프고도 비극적인 이 그림은 북촌리 학살 사건의 한 장면을 그린 것이라고 해요.

 북촌리 학살 사건에서 살아남은 사람 가운데 한 사람인 한옥자 씨는 학살 사건 당시 여덟 살이었습니다. 마을 사람들이 북촌초등학교 운동장으로 끌려왔는데, 한옥자 씨의 어머니는 네 살배기 남동생을 업고 있었다고 해요. 군인들이 총을 쏘기 시작하자 마을 사람들은 목숨을 구하려고 엎드려 기어 다녔습니다. 그때 한옥자 씨의 어머니는 총에 맞아 목숨을 잃었고, 남동생은 쓰러진 엄마 품 안에서 젖을 빨고 있었던 것이지요.

 끔찍한 역사의 한 장면이 생생한 그림으로 남았습니다. 우리에게 당시의 아픔을 잊지 말고 기억하라는 뜻이 아닐까요?

 기념관을 나와 공원에 들어서면, 곧장 '너븐숭이 애기무덤'과 위령비가 보입니다. 이름도 없는 갓난아기부터 세 살 정도의 아이들까지 이곳에 함께 묻혔지요. 사실 이 장소는 4·3 사건 이전에도 병에 걸려 죽은 아기들을 묻어 주던 곳이었다고 해요. 무덤들은 모두 4·3 사건 당시 모습 그대로 보존되어 있어요. 화려한 꾸밈이나 장식 없이 수수하고 자연스러운 모습이에요. 그래서인지 당시의 아픔이 더욱 잘 느껴지는 듯해요.

이제 공원을 나와 바로 옆 북촌초등학교로 가 볼까요? 초록 잔디가 깔린 운동장은 조용하고 평화롭기만 합니다. 수많은 사람들이 이곳에서 총살을 당했다는 것이 믿어지지 않을 정도이지요. 그런데 북촌리 학살 사건 후, 이 학교에서는 또 한 번 비극이 일어났습니다. 1952년 1월 23일, 북촌 마을 출신 군인이 젊은 나이에 세상을 떠났습니다. 마을 사람들은 운동장에 모여 장례를 치렀지요. 모두가 슬퍼하는 와중에, 누군가 "아이고, 아이고" 소리를 내며 통곡을 하기 시작했습니다. 그동안 꾹꾹 눌러 참았던 슬픔이 터진 것인지, 사람들 모두 통곡을 했고, 울음소리는 갈수록 커져만 갔습니다. 이 소식을 들은 경찰은 통곡한 사람들을 찾아내 반성문을 쓰게 하고 괴롭혔습니다. 4·3 사건 희생자들을 위해 운 것이 아니냐고 추궁하기도 했고요. 이것이 바로 일명 '아이고 사건'입니다. 이 사건을 통해 우리는 북촌 마을 사람들이 학살 사건 이후 얼마나 한 맺힌 삶을 살아야 했는지 느낄 수 있어요.

북촌리 학살 사건 당시 북촌초등학교는 1층 기와 건물이었다고 해요. 마을이 불타고 난 뒤에는 학교가 아닌 사무실로 쓰이기도 했대요. 하지만 지금은 건물이 다시 지어져 학생들로 가득 찬 초등학교로 재탄생했습니다.

북촌리를 더 자세히 둘러보고 싶다면 기념관에서 안내해 주는 북촌마을 4·3길을 눈여겨보기를 바랍니다. 이 길을 따라가 보면 당시 마을 사람들이 목숨을 잃었거나 몸을 숨겼던 장소들을 만날 수 있거든요. 역사적인 장소들이 이어지는 이 해변 길은 봄이면 파란 바다와 노란 유채꽃이 어우러집니다. 참혹한 역사와는 달리 경관이 너무나 아름답고 평화롭기만 합니다.

낙선동 4·3성

위치: 제주시 조천읍 선흘리

조천읍을 떠나기 전 보아야 할 장소가 하나 더 있어요. 바로 낙선동 4·3성입니다. 초토화 작전으로 집과 가족을 잃어버린 제주 주민들은 갈 곳이 없었어요. 군인들은 이런 사람들을 모아다가 강제로 마을 주변에 돌성을 쌓게 했지요. 낙선동 4·3성도 그렇게 만들어진 돌성 중 하나예요. 동서로 길게 늘어선 이 성의 길이는 당시에는 무려 150킬로미터나 되었다고 합니다. 이 성은 왜 지어졌을까요? 그리고 성안에는 누가 살았을까요?

선흘리는 조천읍의 한라산 북쪽 마을이에요. 초토화 작전이 시작된 1948년 11월, 군인들은 선흘리 마을을 모두 불태워 버렸어요. 주민들은 살 곳을 잃고 숲속에 숨어 살게 되었지요. 숲속에는 사람이 들어갈 만한 굴이 몇 개 있었어요. 사람들은 군인들의 눈을 피해 굴속으로 들어갔습니다. 하지만 군인들은 결국 숨어 있던 사람들을 찾아내 총을 쏘아 죽였어요. 살아남은 사람들은 가두어 두었다가 이듬해 봄, 선흘리 마을과 조금 떨어진 이곳 낙선동으로 강제로 끌고 왔

복원한 낙선동 4·3성. 실제로는 짐승 우리와 비교할 만큼 좋지 않은 환경이었다.

습니다. 그리고 돌을 쌓아 성을 짓게 했지요. 낙선동 4·3성은 이렇게 지어졌습니다.

　대체 돌성은 왜 쌓은 것일까요? 군인들은 무장대가 공격해 오는 것을 막기 위해서라고 말했지요. 하지만 사실은 갈 곳 잃은 주민들을 한곳에 모아 놓고 감시하기 위해서였다고 해요.

　바다를 뒤로하고 한라산 중턱 마을로 들어서면 제주도의 검정색 현무암을 쌓아 올려 만든 4·3성을 만날 수 있어요. 남자들은 대부분 총에 맞아 세상을 떠났고, 살아남은 여자들과 노인들, 아이들이 성을 쌓는 힘든 일을 한 달 동안이나 해야 했습니다. 당시를 기억하는 사람들의 말에 따르면 "등짐을 져서 돌을 날랐기 때문에 어깨와 등이 다 벗겨질 정도"로 힘들고 험한 일이었다고 합니다.

이제 성안으로 들어가 볼까요? 성 정문에는 초소가 보입니다. 초소는 옛 모습 그대로 남아 있는데, 누가 성 밖으로 나가고 누가 성안으로 들어오는지를 감시하고 사람들의 신원을 확인하기 위한 곳이었다고 해요. 성안에 있는 집과 화장실 등은 대부분 복원된 것이에요. 실제로는 훨씬 좋지 않았다고 해요. 사람들은 누울 자리조차 넉넉하지 않은 움막 안에서 잠을 잤고, 변변한 화장실도 부엌도 없었지요. 성안은 그야말로 짐승 우리와 비슷했다고 합니다. 성을 드나들 때는 반드시 통행증을 발급 받아야 했고 밤이 되면 성 밖으로 나갈 수도 없었답니다. 이곳에서 선흘리와 북촌리 사람들은 군인들의 감시를 받으며 모여 살았어요.

이런 성터는 낙선동뿐 아니라 제주 마을 곳곳에 있습니다. 하지만 원형에 가깝게 잘 보존되어 있는 곳은 낙선동 4·3성뿐이랍니다. 초토화 작전 이후 산간 마을 주민들이 얼마나 고통스럽게 살았는지를 생생하게 보여주는 역사의 현장이지요.

잃어버린 마을 무등이왓과 큰넙궤

위치: 서귀포시 안덕면 동광리

이제 제주도 서쪽으로 가서 제주 4·3 사건의 흔적을 찾아볼 차례예요. 무등이왓은 지금의 서귀포시 안덕면 동광리입니다. 한때는 동광리 마을 가운데 가장 큰 마을이었지요. 하지만 지금은 아무도 살지 않고, 마을의 흔적만 남아 있답니다.

커다란 회색 표지석 뒤로, 대나무가 작은 숲을 이루며 초록 풀밭을 둘러싸고 있어요. 초록 풀밭은 사람들이 살았던 무등이왓 마을 집터이지요. 이곳 사람들은 대나무로 수공예품을 만들었고, 무등이왓은 수공예품 산지로 널리 알려지기도 했습니다. 지금도 대나무는 변함없이 자리를 지키고 있지만, 사람들도 집도 하룻밤 사이 사라져 버렸습니다. 이제는 곳곳에 표지판만 남아, 이곳이 한때는 마을이었다는 것을 알려 주지요. 이곳에서 과연 무슨 일이 있었던 걸까요?

1948년 11월, 토벌대는 "해안에서 5킬로미터 이상 떨어진 한라산 중턱 마을 사람들은 무조건 적으로 간주하고 사살하겠다"라는 계엄령을 발표합니다. 하지만 이 소식은 정작 그 마을에 사는 사람들에게는 닿지 못했지요. 1948년 11월 15일, 광평리에서 무장대 토벌 작전을 마치고 내려온 토벌대는 동광리를 포위하고 마을을 불태웠습니다. 주민들을 무등이왓에 모아 놓고 '빨갱이'라며 죽이기도 했습니다. 그날 이후 사람들은 모두 뿔뿔이 흩어져 숨어 살다 토벌대에 잡혀 죽거나 다른 곳으로 끌려갔습니다. 다시는 무등이왓 마을로 돌아올 수 없었습니다.

이제 마을을 나와 흙길을 걸어 올라가요. 1킬로미터 정도 걸어가면 4·3 유적지임을 알리는 동백 리본이 걸려 있고 커다란 나무 아래 작은 동굴 입구가 나옵니다. 바로 큰넓궤입니다. 지금은 붉은색 쇠문으로 막아 두어 들어갈 수 없지만, 굴속은 기어갈 수밖에 없는 좁고 낮은 통로로 이어진다고 해요.

집을 잃은 동광리 사람들은 마을 근처 여기저기에 숨어 지냈습니다. 어느덧 겨울이 되었고, 큰 눈이 내렸습니다. 마을 사람들은 눈을 피해서 바로 이곳 큰넓궤에 숨어들었어요. 험한 용암 동굴이었지만 속이 넓어서 많은 사람들이 숨어 지낼 수 있었지요. 많을 때는 120여 명의 사람들이 함께 이 굴에서 살았다고 해요. 몇몇 사람들이 망을 보거나 마을로 내려가 먹을거리를 가져오기도 했지만, 대부분의 사람들은 굴속에서 꼼짝도 않고 지냈습니다. 용변도 굴속에서

계엄령

계엄령이란 나라가 위기에 처했을 때 대통령이 군대를 이용하여 법과 질서를 유지시키는 조치입니다. 계엄령이 내린 지역에서는 계엄사령관이 모든 권한을 가지고 있기 때문에 사령관의 지시에 따라 군대와 경찰은 사람들을 잡아 가두거나 죽일 수도 있습니다. 4·3 사건 당시 우리나라는 남한과 북한으로 갈라져 있었고, 남한에서는 단독 정부를 세우기 위해 선거가 준비되고 있었어요. 결국 그해 5월 10일에 선거가 치러졌지만, 제주도는 미군과 경찰에 항의하는 가운데 선거에 참여하지 않았지요. 그 선거로 대통령의 자리에 오른 이승만은 제주도에 계엄령을 내렸습니다. 북한을 지지하는 공산주의자들의 섬이라고 하면서요. 평범한 제주도 주민들은 이 계엄령 때문에 공산주의자라는 낙인이 찍힌 채 죽어 갔습니다.

해결하고 밥은 조금 떨어진 다른 굴에서 지은 다음 기어서 큰넓궤로 옮겼다고 합니다. 그 정도로 토벌대의 추격이 두려웠던 거예요.

그러나 큰넓궤도 결국 토벌대에 발각되고 말았습니다. 토벌대가 굴 안으로 들어오려 하자 굴속 사람들은 토벌대가 들어오지 못하도록 안에서 불을 지피고 연기가 바깥쪽으로 흘러 나가도록 부채질을 했습니다. 토벌대는 밖에서 총만 쏘다가 철수했습니다. 그날 밤, 굴속 사람들은 큰넓궤를 나와 도망을 쳤습니다. 하지만 그해 겨울은 유난

히 춥고 눈이 많이 내렸다고 해요. 사람들은 어디로도 갈 곳이 없었어요. 낡은 옷과 신발로 한라산 숲속을 헤매다가 토벌대의 총에 맞아 죽거나 잡혀갔습니다. 잡혀간 사람들 가운데 40여 명은 제주의 유명한 관광지인 정방폭포에서 목숨을 잃었습니다. 정방폭포에는 4·3 유적지임을 알리는 어떤 표지도 없다가, 2023년 6월에 추모 공간이 조성되었습니다.

깜깜한 굴속에서 꼬박 두 달을 보낸 사람들. 그 사람들은 무슨 생각을 하며 햇살 한 줌 없는 삶을 이어갔을까요? 아이들을 먹이고 보살피며 그토록 살고자 했지만, 그 사람들을 기다리는 것은 차가운 겨울바람과 죽음뿐이었습니다.

잃어버린 마을

제주에는 초토화 작전 때문에 완전히 사라져 버린 마을이 열 곳 정도 있어요. 이런 마을을 가리켜 '잃어버린 마을'이라고 부릅니다. 바닷가 마을인 곤을동을 제외하고는 모두 한라산 중턱에 자리잡은 마을입니다. 집은 불에 타고 마을 사람들은 뿔뿔이 흩어져 다시 모이지 못했지요. 한때 사람들이 함께 살던 자리에는 나무와 풀만 우거져 있고, 잃어버린 마을이라는 것을 알려주는 회색 표지석만이 자리를 지키고 있습니다.

무명천 할머니 삶 터

위치: 제주시 한림읍 월령리

무등이왓 마을을 나와 북서쪽 해변을 향해 가면 아름다운 선인장으로 가득한 월령리 바닷가가 나타날 거예요. 이곳은 바로 관광지로도 유명한 백년초 선인장 자생 지역인 선인장 마을입니다. 이 마을 한 귀퉁이에 평생 무명천으로 턱을 가리고 살다 간 무명천 할머니의 삶 터가 있습니다. 할머니의 무명천에는 무슨 사연이 있는 걸까요?

월령리 바닷가 마을로 들어서면 화사한 그림으로 가득한 벽화 길이 나옵니다. 그림이 그려진 돌담을 따라 걸어가다 보면, 초록 지붕의 작은 집이 나타난답니다. 집은 검은 돌담으로 둘러싸여 있고, 흰 벽에는 소박한 글씨로 '진아영 할머니네 집'이라 적힌 문패가 붙어 있습니다. 진아영은 바로 무명천 할머니의 이름이지요.

　진아영 할머니는 당시 고향인 한경면 판포리에서 부모님과 함께 농사를 지으며 살던 평범한 서른다섯 살 여성이었습니다. 4·3 사건이 시작된 뒤 토벌대가 죄 없는 사람들을 죽이는 일이 점점 심해지던

4·3 사건의 상징, 동백꽃

제주도는 동백꽃을 볼 수 있는 섬으로도 유명하지요? 4·3 유적지에서는 동백꽃 그림이 더욱 자주 눈에 띕니다. 4·3 사건을 기억하는 상징으로 곳곳에서 쓰이고 있기 때문입니다. 희생된 사람들의 영혼이 마치 차가운 땅에 소리 없이 떨어지는 붉은 동백꽃과 같다는 의미이지요. 그래서 매년 4월 3일이 되면 동백꽃 배지를 다는 캠페인이 열리거나, 동백꽃이 그려진 다양한 현수막과 기념품들이 만들어지기도 한답니다. 아름다운 동백꽃을 볼 때마다 수없이 많은 사람들이 목숨을 잃은 4·3 사건의 진실과, 살아남은 뒤에도 고통의 시간을 보낸 생존자들을 기억해 주기를 바랍니다.

1949년 1월 어느 날이었습니다. 무명천 할머니 집 앞에서 경찰들이 총을 쏘았고, 할머니는 그 총알에 턱을 맞아 쓰러지고 말았습니다. 할머니는 겨우 목숨은 건질 수 있었어요. 하지만 턱이 없으니 제대로 먹을 수도, 말을 할 수도 없었습니다. 그 뒤 55년 동안이나 할머니는 고통스러운 삶을 살아야만 했습니다. 음식을 씹을 수 없으니 걸핏하면 영양실조에 걸렸습니다. 건강하게 살아가는 것은 꿈같은 일이 되었지요. 할머니는 약값을 벌려고 바다에 나가 톳을 채취하거나 김매기를 했습니다. 그러면서도 사람들에게 사라진 턱 부위를 절대 보여

주지 않았습니다. 밖에 나갈 때는 반드시 무명천으로 턱을 가리고 다녔기 때문입니다. 사람들과 함께 밥을 먹는 일도 없었다고 해요.

부모님이 모두 세상을 떠난 뒤, 할머니는 언니가 살고 있는 월령리로 이사를 왔습니다. 우리가 서 있는 바로 이 집으로요. 집 안으로 들어가면, 할머니가 살아생전 썼던 유품들이 반듯하게 전시되어 있어요. 할머니의 사진과 옷가지, 턱을 가리는 데 쓰인 무명천들, 약 봉지, 빗, 바느질 도구들이 보입니다. 눈길을 끄는 것은 자물쇠입니다. 다른 물건들에 비해 유독 많기 때문이지요. 할머니는 대문과 방문을 언제나 자물쇠로 꼭 잠그고 다녔습니다. 4·3 사건 당시에 마음의 상처를 깊게 입었기 때문일 것이라고 이웃 사람들은 이야기합니다. 할머니는 그렇게 모든 문을 꼭 걸어 잠근 채 밖으로 나와, 검은 돌담에 기대 앉아 멍하니 동네를 바라보곤 했습니다.

무명천 할머니는 이렇게 한평생을 마음의 상처와 싸우고 후유증에 시달리다 2004년 9월, 90세의 나이로 세상을 떠났습니다. 할머니의 무명천은 4·3 사건으로 삶이 송두리째 바뀐 사람들의 아픔과도 같습니다.

4·3 사건에서 목숨을 잃은 사람뿐 아니라 살아 남은 사람들도 우리는 '희생자'라고 부릅니다. 몸은 살아 있지만 마음은 치유하기 힘든 깊은 상처에서 벗어나지 못한 채 살아가야 했기 때문이지요.

4·3 트라우마 센터

70년이 넘는 세월이 흘렀지만, 무명천 할머니 같은 '생존 희생자'들이 겪는 마음의 고통은 여전히 생생하다고 합니다. 가족이나 이웃이 목숨을 잃는 장면을 잊지 못해 불안감에 시달리거나, 이로 인해 자살 충동이나 우울증을 겪는 사람들도 많고요. 그래서 생존 희생자들의 마음을 치유하고, 이들의 어려움을 사회에 알려야 한다는 목소리는 점점 더 커져갔습니다.

많은 사람들의 이러한 바람 덕분에, 4·3 트라우마 센터가 문을 열었습니다. '트라우마'란 어떤 충격적인 사건 때문에 일어난 마음의 상처를 뜻하는데, 전쟁이나 천재지변, 대형 사고, 범죄나 학대 등이 트라우마를 일으킬 수 있다고 해요. 4·3 트라우마 센터는 트라우마를 치유해 생존 희생자들이 건강한 삶을 살아갈 수 있도록 돕고, 그 과정을 통해 사회에 평화의 씨앗이 자라나도록 하는 곳이랍니다.

생각 더하기

✦　4·3평화공원에는 제주 4·3 사건과 관련된 전시와 조형물이 많이 있습니다. 그중에 가장 기억에 남는 것은 무엇인가요? 그걸 보고 무엇을 느꼈나요?

✦　무명천 할머니께 편지를 써봅시다. 무슨 이야기를 전하고 싶은가요? 무명천 할머니가 답장을 보내 주신다면 무슨 말씀을 하셨을까요?

✦　인간이라면 마땅히 누려야 할 권리가 인권입니다. 제주 4·3 사건에서 지켜지지 않고 침해당한 인권에는 어떤 것들이 있을지 생각해 봅시다.

전쟁기념관 답사를 떠나며

서울 용산구에 위치한 전쟁기념관은 1950년 6월 25일 일어난 한국전쟁의 역사를 한자리에서 알 수 있는 공간이에요. 한국전쟁을 마지막으로 한반도는 남과 북으로 갈라진 채 오늘날에 이르렀지요. 같은 겨레끼리 서로 싸우고 죽였다는 뜻에서 '동족상잔의 비극'이라 불리는 한국전쟁은 왜 일어난 것일까요? 한국전쟁으로 얼마나 많은 사람들이 죽고 얼마나 많은 것들이 파괴되었을까요? 그리고 우리는 왜 이런 비극적인 전쟁을 반드시 기억해야 하는 것일까요? 전쟁기념관을 천천히 둘러보며 한국전쟁이 어떻게 일어났고, 우리에게 남긴 것은 무엇인지 알아봐요. 그리고 전쟁이란 무엇이고 평화를 위해 어떤 노력을 기울여야 할지도 함께 생각할 수 있는 시간이 되기를 바랍니다.

한국전쟁 돌아보기

한국전쟁에 대해 제대로 이해하려면 우리나라가 일제강점기에서 해방을 맞은 1945년으로 거슬러 가야 해요. 1945년 8월 15일, 일본이 연합군에 항복하면서, 우리나라는 독립을 맞았지요. 국민들은 광복을 기뻐하며 새로운 나라 대한민국 정부를 꾸릴 준비를 했어요. 하지만 상황은 우리 뜻대로 흘러가지 않았어요. 우리나라 영토 북위 38도선을 중심으로 북쪽은 소련 군대가, 남쪽은 미국 군대가 점령했거든요. 공산주의 국가였던 소련과 자유주의 국가였던 미국은 서로 대립하고 있었는데, 한반도를 각자 자신의 편으로 만들고자 이런 비극적인 상황을 만들어 버렸습니다. 우리나라는 남과 북으로 갈라진 채 독립된 정부도 세울 수 없게 되었지요. 결국 남북이 따로따로 정부를 세우게 돼요. 남한에서는 독립한 지 3년 만인 1948년에 이승만을 대통령으로 뽑고 그해 8월 15일에 대한민국 제1공화국이 출범했어요. 1948년 9월에는 북한에 조선 민주주의 인민 공화국이 세워졌고요.

그로부터 2년 뒤, 1950년 6월 25일 새벽, 북한군이 38도선을 넘어 남한을 침략했어요. 이승만 정부는 전쟁이 시작된 지 사흘 만에 서울을 빼앗기고 말았고, 두 달 만에 대부분의 지역이 북한군에 점령

당했습니다. 이승만 대통령은 유엔에 도움을 요청했어요. 미군을 중심으로 여러 나라가 연합한 유엔군은 한국에 도착해 서울을 되찾는 데 도움을 주었지요. 그리고 38도선을 넘어 이번에는 북한으로 진격하기 시작했어요.

그러자 이번에는 공산주의 국가였던 중공(중국의 이전 이름)이 북한을 돕기 위해 전쟁에 참가했어요. 유엔군과 국군은 다시 밀려 내려와 서울을 빼앗겼어요. 이렇게 엎치락뒤치락하며 전쟁이 계속되었습니다. 1953년 7월 27일, 결국 휴전이 선언되어 3년에 걸친 한국전쟁은 끝나게 됩니다.

전쟁기념관 답사 코스

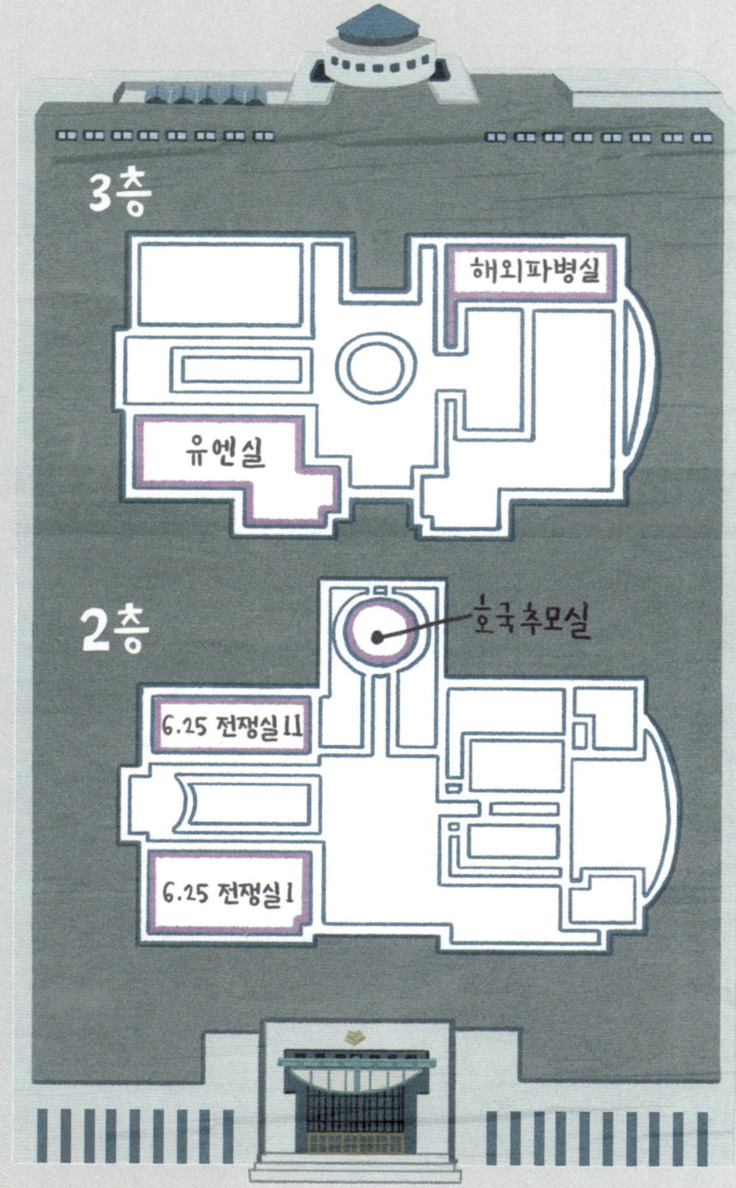

3층
- 해외파병실
- 유엔실

2층
- 호국추모실
- 6.25 전쟁실 II
- 6.25 전쟁실 I

❶ 호국추모실
↓
❷ 6·25전쟁실 I, II
↓
❸ 유엔실(6·25전쟁실 III)
↓
❹ 해외파병실
↓
❺ 야외 공원

야외 공원

호국추모실

전쟁기념관은 언제나 사람들로 북적이는 곳입니다. 유치원 아이들부터 할머니 할아버지, 외국인까지 모두가 관람할 수 있는 곳이기 때문이에요. 건물 형태는 그리스 아테네에 있는 파르테논 신전의 모습입니다. 전쟁에 참가했던 군인들을 기리려는 뜻이었을까요?

건물의 중앙 입구로 들어서면 제일 먼저 마주치는 전시실이 바로 호국추모실입니다. 우리나라는 지금까지 수많은 전쟁을 겪었습니다. 이곳은 삼국 시대부터 지금까지 나라를 위해 목숨을 바친 사람들을 추모하는 곳이지요. 호국추모실은 2층 중앙홀로 이어져 있는데 천장, 벽, 바닥에 이르기까지 여러 가지 조각과 부조물로 장식되어 있어요.

〈창조〉라는 이름의 작품을 한번 볼까요? 천장 가운데에서 빛 한 줄기가 내려와 둥글고 커다란 그릇에 담깁니다. 바로 그 자리에 샘물이 솟아나지요. 추모의 감정이 이 샘물처럼 끝없이 솟아오른다는 의미라고 해요. 천장 벽에는 우리나라 전통 매듭으로 무궁화를 표현한 작품 〈겨레의 얼〉이 설치되어 있어요. 매듭은 우리 민족이 마음을

흙 속에 묻힌 전사자들의 유해 발굴 현장을 재현한 곳.

하나로 모아 고난을 헤쳐 나가기를 바라는 의미이지요. 이 작품들을 천천히 둘러보면, 역사에 이름도 남기지 못하고 전쟁터에서 세상을 떠난 수많은 사람들을 기억하게 됩니다.

　전쟁은 사람과 사회, 자연을 무자비하게 파괴합니다. 전쟁터로 떠나는 군인들뿐만 아니라 전쟁에 휩쓸린 나라의 모든 사람들이 전쟁의 피해자가 되지요. 그래서 전쟁을 기억한다는 것은 전쟁의 상처를 기억하고 다시는 이런 비극이 일어나지 않도록 다짐한다는 뜻이기도 합니다. 그렇지만 전쟁을 기억하는 대신 '기념'한다는 건 무슨 뜻일까요? 기념은 어떤 뜻깊은 일이나 훌륭한 인물 등을 오래도록 잊지 않고 마음에 간직한다는 뜻이에요. 즉 전쟁에서 승리한 것을 축하하고, 전쟁에 참여한 영웅들을 기억하겠다는 의미이지요.

제2차 세계대전이 벌어지자 전 세계 많은 사람들이 죽거나 다치고, 수많은 건물과 자연이 파괴되고 말았어요. 그래서 전쟁이 끝난 후 '세계인권선언'이 탄생했어요. 지구상에 전쟁이 사라지고 인권이 바로 서야 한다고 말하면서요. 그렇지만 2년이 안 돼서 한국전쟁이 일어났습니다. 특히 한국전쟁은 현대의 전쟁이 얼마나 끔찍할 수 있는지를 보여주는 사건이었어요. 남한에서만 100만 명 이상의 사람이 목숨을 잃었으니까요. 그런데 전쟁기념관은 이런 비극적인 전쟁을 '기념'한다고 해요.

지금도 전 세계 사람들은 세계인권선언을 기억하며 전쟁이 영원히 사라지고 평화가 자리 잡기를 바라고 있어요. 우리도 한국 전쟁을 기억하며, 이곳을 전쟁기념관 대신 '전쟁기억관' 혹은 '평화기념관'으로 바꿔 부르면 더욱 좋지 않을까요?

6·25전쟁실

선사 시대부터의 전쟁 역사가 모두 전시되어 있는 전쟁역사실을 지나면 6·25전쟁실이 나옵니다. 6·25전쟁실은 1관과 2관으로 나누어져 있어요. 1관에 들어서면 캄캄한 전시관 벽에 "자유는 거저 주어지지 않는다"라는 문장이 보입니다. 바로 '전사자 유해발굴 상징존'이지요. 발 아래로 전사자들이 흙 속에 묻혀 있는 모습을 볼 수 있습니다. 6·25전쟁실은 전쟁기념관에서 희생자들을 떠올리며 추모할 수 있는 유일한 공간이에요. 엄숙한 마음으로 이곳을 지나면 본격적으로 한국전쟁 역사를 설명해 주는 전시가 펼쳐집니다. 전쟁 당시 사용되었던 소총과 무기, 그리고 유엔군과 국군이 다시 서울을 되찾기까지의 과정이 여러 가지 자료와 함께 설명되어 있습니다.

한반도에서 전쟁이 일어난 데에는 세계 여러 나라와 관련된 복잡한 이유들이 있었지요. 하지만 이 전시관에서는 오직 김일성에 의해 계획된 전쟁이라는 단순한 설명과 북한의 침략에 대한 이야기만 가득해 아쉬움이 남습니다. 김일성이 남침을 하면서 본격적인 한국전쟁이 시작된 것은 맞지만, 당시 열강들 사이에서 우리나라가 처한

국군의 날

6·25전쟁실에는 이런 문구가 벽에 새겨져 있어요.

"내가 이 나라의 최고 통수권자이니 나의 명령에 따라 북진을 하라!"
―대통령 이승만

1950년 10월 1일, 국군은 대통령으로부터 이 명령을 받고, 유엔군과 함께 38선을 넘어 북한으로 진격했습니다. 그래서 이날을 국군의 날로 삼고 기념하고 있지요. 하지만 정확히 말하자면 당시 군대를 지휘하는 권한, 즉 군통수권은 대통령에게 있지 않았어요. 유엔사령부, 바로 미군의 맥아더에게 있었지요. 우리 땅에서 벌어진 전쟁인데도, 나라의 대통령이 군대를 지휘하지도 못했던 것이 바로 한국전쟁의 비극 중 하나였습니다.

상황에 대한 이해 없이는 한국전쟁에 대해 제대로 알 수가 없기 때문이에요.

이제 전시관을 걸어가며 한국전쟁의 과정을 하나하나 살펴볼까요? 한국전쟁이 터지고 불과 사흘 만에 남한의 수도인 서울이 북한군에게 점령당했어요. 하지만 대통령이었던 이승만은 서울을 탈출해 대전으로 내려갔지요. 서울 시민들에게는 정부와 국군을 믿고 가만히 있으라고 방송을 하고요. 더욱 놀라운 것은 이승만 대통령이 서울을 탈출할 때 한강철교를 폭파했다는 사실이에요. 수많은 서울 시민들을 그대로 내버려 둔 채 북한군의 발을 서울에 묶어 놓으려 했던 것이지요. 하지만 전시관에는 이런 내용은 없어요. 한강철교를 폭파해 북한군을 엿새나 막았다는 그럴듯한 설명만 있을 뿐이지요. 북한군을 며칠 막는 데 성공했을지는 모르겠지만, 피란길이 막힌 시민들은 북한군이 점령한 서울에 남아야 했지요.

    북한군은 파죽지세로 남한을 점령했어요. 이승만 대통령은 북한군을 피해 부산까지 달아났다가 유엔군의 도움을 받아 다시 서울을 되찾았지요. 이 전시관에는 당시 되찾은 서울의 모습을 재현한 공간도 있습니다. 한국전쟁 때 우리나라 사람들의 생활을 엿볼 수 있지요. 도시는 모두 폐허가 되어 사람들은 허름한 천막을 짓고 살았습니다. 미군과 국군은 이런 시민들에게 구호물자를 날라 주고 집을 고쳐 주기도 했어요. 전쟁이 남긴 상처가 사실적으로 묘사되어 있어요.

이제 2관으로 들어가 봅시다. 이 전시실에는 국군과 유엔군이 북한군에 반격을 시작해 북한으로 진격하다가, 중공군이 북한을 도와 전쟁에 참여하는 바람에 38선 부근으로 밀려 내려오는 과정이 설명되어 있어요. 1951년 6월, 전쟁이 시작된 지 꼭 1년 만에 전선은 다시 원래의 38선 주변으로 되돌아왔지요. 남한과 북한은 곧 휴전 협상을 시작했지만 협상은 빨리 이루어지지 않았어요. 그사이 휴전선을 가운데 두고 크고 작은 전투가 계속 일어났어요. 이것을 바로 '고지 쟁탈전', 줄여서 '고지전'이라고 불러요. 2년 뒤 휴전 협상이 드디어 맺어질 때까지 고지전은 계속되어 수많은 군인들이 목숨을 잃었어요. 2관에서는 이런 역사적 과정을 사진과 영상, 유물 등 다양한 방식으로 설명하고 있지요.

　1관과 2관을 모두 둘러보고 나면 조국을 지키는 국군과 국군을 도왔던 유엔군은 영웅으로, 북한은 물리쳐야 할 적으로 느껴져요. 하지만 한반도에서 일어난 전쟁으로 고통을 받은 사람들은 모두 피해자라는 사실도 기억해야 해요.

유엔실과 해외파병실

한국전쟁은 유엔군이 처음으로 참여한 전쟁이었어요. 그래서인지 3층에는 유엔에 대해 설명해주는 유엔실이 따로 마련되어 있어요. 유엔군 깃발 아래 한국전쟁에 참전한 나라는 모두 16개국이나 됐어요. 의료 지원으로 참전한 나라까지 포함하면 21개국이었고요. 하지만 유엔군의 대부분은 미군이었지요.

　유엔실에는 유엔 참전국 군인들의 이야기와 유품이 전시되어 있어요. 참전한 나라들이 각각 어떻게 우리나라를 도왔는지도 국가별로 자세하게 설명되어 있어요. 전시가 끝나는 지점에는 감동적인 작품도 있어요. 〈눈물방울〉이라는 이름의 이 작품은 둥근 벽면에서 흘러나오는 영상으로 낯선 나라에 와서 자유를 위해 싸웠던 유엔군의 활동을 설명합니다. 벽면의 영상이 끝나면 바닥에 물방울이 하나둘 떨어지면서 물이 고이고 그 물속에 유엔군 장병들이 목에 걸고 다니던 인식표가 하나둘 모습을 드러내지요. 물속으로 빨간 동백꽃이 피어오르며 영상은 끝을 맺습니다. 피와 목숨으로 자유를 되찾았음을 강조하는 작품이지요.

유엔참전국 장병들의 희생을 추모하기 위해 인식표를 형상화해 만든 조형물.

이제 도서자료실과 기증실을 지나 해외파병실로 가 볼까요? 이곳에서는 한국이 미국의 요청에 따라 참전한 베트남 전쟁에 대한 기록도 볼 수 있어요. 베트남은 1954년까지 프랑스의 식민지였다가 독립했지만 그 후 남베트남과 북베트남으로 나뉘어 주변 강대국들의 지배를 받게 돼요. 한국전쟁 당시 우리나라의 상황과 비슷하지요. 결국 1960년에 북베트남을 중심으로 독립과 통일을 위한 전쟁이 벌어졌는데 이것이 바로 베트남 전쟁이에요. 남베트남을 지배하고 있던 미

민간인 학살

군인도 아닌 평범한 사람을 이유 없이 죽이는 것을 '민간인 학살'이라고 해요. 한국전쟁은 승자도 패자도 없는 전쟁이었어요. 대신 무고한 사람들이 목숨을 잃고 말았습니다. 하지만 전쟁기념관에서는 북한이 벌인 민간인 학살만 보여줄 뿐이에요. 남한 지역에서 민간인 학살로 목숨을 잃은 사람들은 100만 명이나 된다고 해요. 그런데 이들이 모두 북한군에 목숨을 잃은 것은 아니에요. 국군이나 미군에 의해서도 학살을 당했어요. 북한보다 남한 지역에서 훨씬 더 많은 학살이 일어났고 심지어는 북한군이 점령하지 않은 지역에서 학살이 일어나기도 했지요. 하지만 이런 사실에 대해서는 어디에도 적혀 있지 않아요.

국은 북베트남을 막으려고 한국에 도움을 요청하지요. 한국군은 베트남의 밀림 속에 기지를 짓고는 그 주변을 모두 불태우고 마을까지 없애 버리는 임무를 맡았습니다. 죄 없는 베트남 주민들을 학살하기도 했습니다.

이처럼 잔인한 군사 작전은 한국전쟁 당시 우리나라에서 일어났던 일이기도 해요. 제주 4·3 사건에서도 군인들은 마을 사람들을 모아서 죽이고 마을을 불태웠지요. 베트남 사람들에게 한국군은 무섭고 두려운 존재였어요. 하지만 우리나라 국민들은 대부분 한국군이 베트남에 가서 용감하게 싸우다 돌아왔고 베트남 사람들을 도왔다고만 알고 있지요. 이 전시관에서도 한국군은 싸움보다는 베트남 사람들을 보호하고 돕는 데 앞장섰다고 기록해 두었어요. 전쟁의 어두운 면은 감추고 있는 것이지요.

야외 공원

야외 공원에는 다양한 조각 작품과 한국전쟁 당시 사용되었던 무기들이 전시되어 있어요. 전쟁기념관 입구에는 남북 형제가 부둥켜 안은 모습의 동상이 있어요. 〈형제의 상〉이라는 이름이 붙은 이 동상은 남한을 상징하는 형이 북한을 상징하는 동생을 끌어안고 있어요. 한국전쟁 당시 한국군 장교였던 형과 인민군 병사였던 동생이 전쟁터에서 극적으로 만난 순간을 표현한 작품이에요. 또한 화해와 용서로 통일을 이루기를 바라는 마음도 담겨 있지요.

쌍둥이 시계가 꼭대기에 있는 청동 시계탑도 보입니다. 바로 〈평화의 시계탑〉이에요. 전쟁 당시 남과 북이 사용했던 탱크와 포탄 등 무기 위로 두 여자아이가 쌍둥이 시계를 안고 있는 모습이지요. 서 있는 여자아이의 시계는 현재의 시간, 앉아 있는 여자아이의 시계는 1950년 6월 25일 새벽 4시에 멈추어져 있어요. 바로 한국전쟁이 일어난 때의 시각이에요.

한국전쟁 때 사용되었던 비행기와 헬리콥터, 미사일과 같은 무기, 장갑차, 탱크 등도 보입니다. 탑승해 볼 수 있는 탱크도 있지요.

사람들은 탱크에 올라타거나 미사일을 배경으로 웃으며 사진을 찍습니다. 그런데 사람을 죽이는 무기 위에 올라서서 행복하게 사진을 찍는 모습, 조금 이상하게 느껴지지는 않나요? 마치 전쟁이 재미있는 놀이나 게임처럼 여겨지는 것 같아 마음이 무거워집니다. 전쟁의 어두운 면은 감추고, 전쟁을 이끈 사람들을 영웅으로 대접하는 데만 집중하면 진정한 평화는 이루어질 수 없어요. 전쟁은 사람과 자연을 파괴하는 비극일 뿐, 게임이 아니기 때문이에요.

여성과 전쟁

영화나 드라마 속에서 전쟁이 나면, 남성이 군인이 되어 전쟁터로 떠나는 모습이 주로 그려지지요? 직접 전쟁에 참여하는 남성이 여성보다 더 위험한 상황에 놓인다고 생각할 수 있어요. 역사 기록에도 여성은 군복을 짓고 보급 활동을 하는 등 보조적인 역할을 하는 사람으로만 남아 있어요. 하지만 여성도 남성과 마찬가지로 위험한 상황에 놓입니다. 여성들은 전쟁터로 끌려간 남자들을 대신해 가족의 생계를 책임지고, 어린이와 노인을 돌봐야 했어요. 성 노예로 끌려가거나 군인들의 총칼에 짓밟혀 죽음을 당하기도 했지요. 아이, 노인, 장애를 가진 사람과 같은 사회적 약자들도 마찬가지예요. 쓸모없는 사람으로 취급받고 사회에서 내몰리게 됩니다.

생각 더하기

✦　전쟁기념관의 전시 중 가장 인상적인 것은 무엇이었나요? 친구들에게 뭐라고 소개해 주고 싶나요? 꼭 바꾸고 싶은 전시나 추가하고 싶은 전시가 있다면 무엇인가요? 왜 그런 생각이 들었나요?

✦　한국전쟁에서 우리가 반드시 기억해야 할 것들은 무엇일까요? 생각나는 대로 써 보고 친구들과 이야기를 나누어 봐요.

✦   전쟁을 기념하는 전쟁기념관 대신 평화를 기념하는 평화기념관을 여러분이 직접 세운다면, 어떤 전시들을 해 보고 싶나요?

✦   전쟁은 너무 많은 피해를 줍니다. 우리나라에서 전쟁이 일어나지 않게 하려면 무슨 일이 필요할까요?

광주 5·18 민주화 운동
답사를 떠나며

광주 하면 자연스레 떠오르는 사건, 바로 '5·18 민주화 운동'입니다. 5·18 민주화 운동을 통해 광주는 민주주의의 성지가 되었습니다. 이번 광주 답사 여행에서는 왜 하필 광주에서 민주화 운동이 시작되었는지, 그리고 어떻게 들불처럼 전국적으로 민주화 운동이 퍼져 나가게 되었는지, 그 발자취를 따라갈 것입니다.

그런데 우리는 아직도 5·18 민주화 운동을 생각하면 수많은 질문이 머릿속에 함께 떠오릅니다. 왜 당시 권력자들은 광주 시민들을 총으로 쏘아 죽이고, 폭도라고 억울한 누명까지 씌운 것일까요? 왜 아직까지도 진실이 모두 밝혀지지 않은 걸까요? 여행을 마칠 때쯤에는 이 질문들의 답을 찾고, 우리가 잊지 말아야 할 것이 무엇인지도 함께 알아보도록 해요.

광주 5·18 민주화 운동 돌아보기

1979년, 독재자 박정희가 죽고 우리나라는 혼란에 빠지게 돼요. 전국에 계엄령이 선포되었지요. 이때 권력을 잡은 전두환은 군대를 앞세워 국가를 장악하고 말았어요. 계엄령이 내려지면 군대와 경찰은 계엄사령관의 지시에 따라 사람들을 잡아 가두거나 죽일 수도 있습니다. 많은 사람들이 민주주의를 지키기 위해 전두환의 독재와 계엄령에 반대하고 나섰지요. 그래서 1980년에는 전국 각지에서 민주주의를 외치는 시위가 일어났어요.

1980년 5월 13일부터는 전국의 대학생과 시민들이 서울에 모여 계엄령을 거두어들이고 민주주의를 회복하자고 외치는 거리 시위를 시작했어요. 그러자 전두환은 북한이 남한을 침략하려 한다며 계엄령을 더욱 확대했어요.

5월 14일에는 광주에서 시위가 일어났어요. 시민들과 대학생들이 전남도청 앞에 모여들어 계엄령을 해제하라고 외쳤지요. 5월 18일이 되자 계엄군은 전남대학교 정문 앞에서 학생들을 막아 세우고, 때리고, 잡아 가두기 시작했어요. 학생들은 전남도청으로 나아가 이런 사실을 시민들에게 알렸고, 소식을 들은 시민들은 하나둘 도

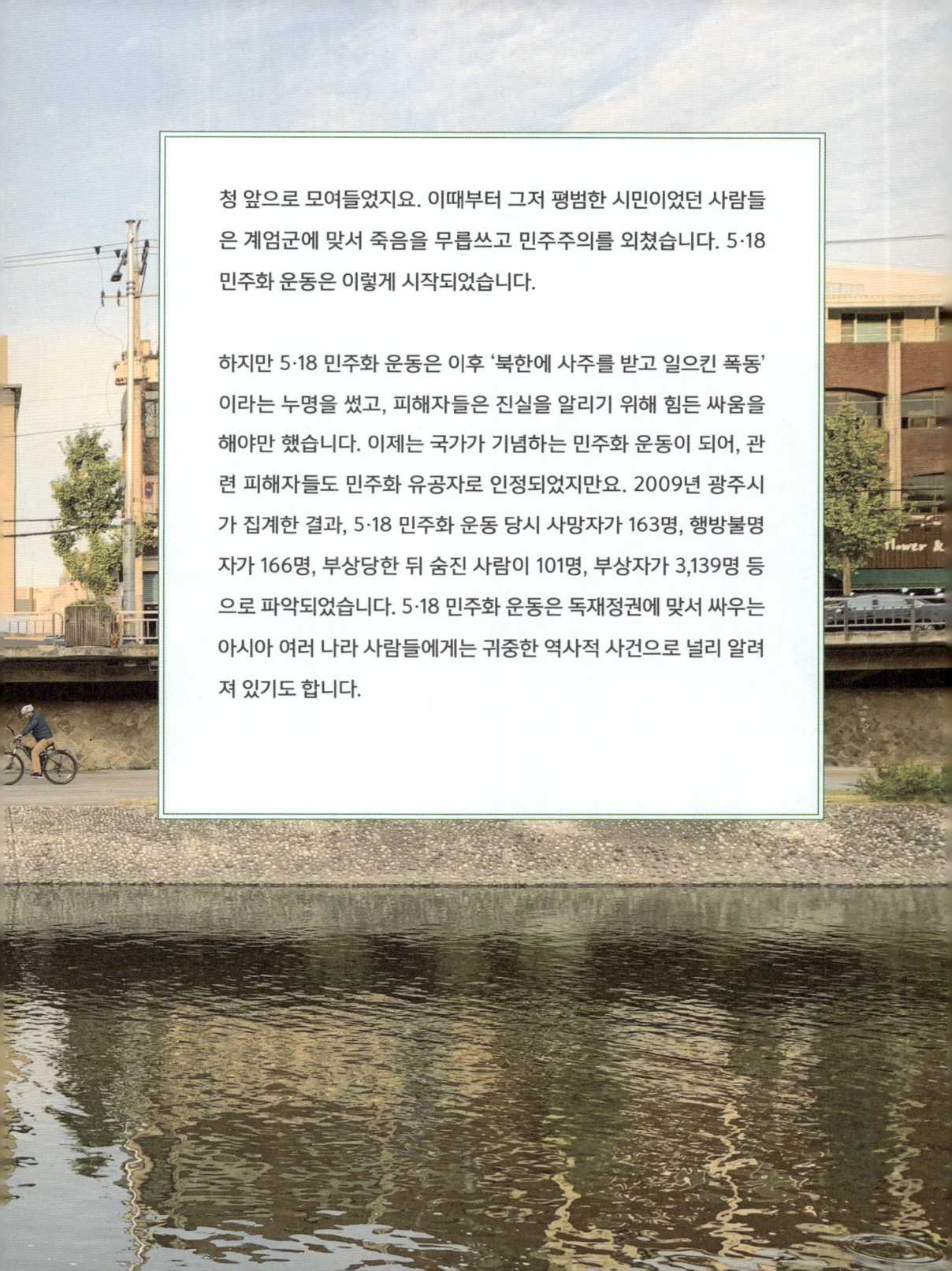

청 앞으로 모여들었지요. 이때부터 그저 평범한 시민이었던 사람들은 계엄군에 맞서 죽음을 무릅쓰고 민주주의를 외쳤습니다. 5·18 민주화 운동은 이렇게 시작되었습니다.

하지만 5·18 민주화 운동은 이후 '북한에 사주를 받고 일으킨 폭동'이라는 누명을 썼고, 피해자들은 진실을 알리기 위해 힘든 싸움을 해야만 했습니다. 이제는 국가가 기념하는 민주화 운동이 되어, 관련 피해자들도 민주화 유공자로 인정되었지만요. 2009년 광주시가 집계한 결과, 5·18 민주화 운동 당시 사망자가 163명, 행방불명자가 166명, 부상당한 뒤 숨진 사람이 101명, 부상자가 3,139명 등으로 파악되었습니다. 5·18 민주화 운동은 독재정권에 맞서 싸우는 아시아 여러 나라 사람들에게는 귀중한 역사적 사건으로 널리 알려져 있기도 합니다.

광주 5·18 민주화 운동 답사 코스

5·18 민주광장

위치: 광주광역시 동구 금남로

5·18 민주광장은 5·18 민주화 운동의 핵심 장소였어요. 예전에는 '전남도청 앞 로터리'라고 불렸던 곳이지요. 광장에 서면 제일 먼저 커다란 국립아시아문화전당 건물이 눈에 보입니다. 자동차가 지나다니는 큰길은 민주화 운동 당시 시민들이 모여 행진했던 금남로이고요. 동그란 하늘색 분수대와 5·18 시계탑은 5·18 민주화 운동의 상징과도 같답니다. 그래서 광주 답사를 본격적으로 시작하기 전 이 광장을 제일 먼저 둘러보기를 추천합니다.

광장에 서서 5·18 민주화 운동의 모습을 마음속으로 그려 봅니다. 1980년 5월 18일, 광주 시민들은 금남로에서 전남도청 방향으로 행진을 했습니다. 전남도청 건물은 국립아시아문화전당 건물 자리에 있었어요. 그리고 이 광장에는 수천 명, 어느 날은 수만 명에 이르는 사람들로 가득 찼답니다. 평범한 광주 사람들과 광주 시내 고등학교 학생들도 있었습니다. 이윽고 한 사람씩 분수대 위로 올라와 수많은 사람들 앞에서 연설을 합니다.

"대한민국은 민주 공화국입니다!"

"민주주의를 위해 싸웁시다!"

"독재자는 물러가라!"

수없이 많은 집회가 이곳에서 열렸습니다. 분수대에 오른 사람들의 이야기는 광장에 모인 사람들의 마음속에 깊이 스며들어 민주화 운동이 계속 이어질 수 있도록 했습니다.

민주광장에 있는 이 분수대는 5·18 사적지 가운데 유일하게 원형이 고스란히 보존된 귀중한 현장입니다. 그 옆에는 5·18 시계탑이 서 있지요. 매일 오후 5시 18분이 되면, 이 시계탑에서 차임벨 소리로 노래가 연주됩니다. 바로 광주 5·18 민주화 운동의 상징이 된 노래 〈임을 위한 행진곡〉이에요. 이 시계탑은 30여 년 동안 다른 자리에 있다가 이 자리로 돌아왔다고 해요. 분수대와 시계탑 덕분에 민주광장은 시민들의 함성이 울려 퍼지던 민주화 운동 당시의 모습을 어느 정도 되찾게 되었답니다.

이제 국립아시아문화전당 쪽으로 이동해 볼까요? 문화전당 오른편으로 '5·18 최후 항쟁지! 옛 전남도청'이라고 적힌 붉은색 글자가 보입니다. 이 글자가 적힌 건물이 바로 옛 전남도청입니다. 지금은 일부만이 옛 모습 그대로 남아 있는데, 광주 시민들에겐 잊을 수 없는 중요한 공간이기 때문에 대한민국 등록문화재(16호)로 지정되기도

임을 위한 행진곡

"〈임을 위한 행진곡〉은 단순한 노래가 아닙니다. 5월의 피와 혼이 응축된 상징입니다. 5·18 민주화 운동의 정신, 그 자체입니다. 〈임을 위한 행진곡〉을 부르는 것은 희생자의 명예를 지키고 민주주의의 역사를 기억하겠다는 것입니다."

2017년 5월 18일 민주화 운동 제37주년 기념식에서 문재인 전 대통령은 이렇게 말했습니다. 그리고 이날 9년 만에 기념식에서 사람들이 함께 이 노래를 부르며 눈물을 흘렸지요.

민주화 운동을 대표하는 이 노래는, 5·18 민주화 운동에 참여했던 전남대 학생 김종률이 동지였던 윤상원과 박기순을 위해 만든 곡입니다. 윤상원은 1980년 5월 27일 새벽에 전남도청에서 계엄군의 총에 맞아 세상을 떠난 광주 민주화 운동의 희생자이기도 해요. 〈임을 위한 행진곡〉은 발표된 이후 민주주의와 자유를 위해 싸우는 사람들이 집회 현장에서 빼놓지 않고 부르는 노래가 되었습니다. 또 5·18 민주화 운동 기념일에는 희생자들을 기리며 반드시 이 노래를 부릅니다. 2010년과 2013년에는 국가보훈처가 기념식에서 이 노래를 빼려다 유족들의 반대에 부딪히기도 했지요.

했답니다. 민주화 운동 당시 시민들은 행진을 시작할 때면 "가자, 도청으로!" 하고 외치곤 했어요. 그만큼 전남도청 건물은 민주화 운동의 시작을 알리는 중요한 곳이었지요.

이제 건물 안으로 들어가 볼까요? 전남도청은 1930년대에 지어진 매우 오래된 건물입니다. 5·18 민주화 운동 때 시민군은 도청 건물에 모여 함께 회의를 하고 작전을 짜기도 했지요. 사람들은 주로 2층 회의실에서 주먹밥을 먹거나 잠을 자곤 했습니다.

1980년 5월 27일 새벽 3시 30분, 계엄군은 전남도청을 지키고 있던 시민들을 진압하기로 하고 작전을 펼쳤습니다. 당시에 광주에 모인 계엄군의 수는 2만 명이 넘었어요. 공수 부대는 전남도청에 있던 사람들을 향해 총을 쏘기 시작했고, 헬기에서 로프를 타고 도청 안으로 내려오기도 했습니다. 새벽 5시 20분, 두 시간 만에 진압 작전은 끝나 버렸습니다. 도청에 있던 200여 명의 시민들은 제대로 된 공격 한번 해 보지 못했습니다. 군인들의 총에 맞아 죽거나 체포되고 말았지요. 체포된 사람들은 어떻게 되었을까요? 군사 교육 및 훈련 시설인 상무대 영창으로 끌려가 죽음보다 더 지독하고 고통스러운 고문을 당했습니다.

27일 새벽, 광주 곳곳에서 다급한 목소리가 울려 퍼졌습니다.

"계엄군이 쳐들어오고 있습니다. 시민 여러분! 우리를 잊지 말아 주십시오."

그 시간 광주 시내는 쥐 죽은 듯 고요했다고 합니다. 모두 문을 걸어 잠그고 혹시라도 군인들이 찾아와 공격할까 봐 두려움에 떨어야 했지요. 전남도청을 지키고자 남아 있던 시민들을 도와주려는 생각은 아무도 할 수 없었습니다. 하지만 광주 사람들은 그날 밤을 영원히 잊을 수 없게 되었습니다. 누군가는 자신이 너무 비겁했다고 부끄러워 했고, 누군가는 죽은 사람들을 잊지 않겠다고 다짐하기도 했지요. 그렇게 광주 사람들은 그날을 기억하고 또 기억했습니다. 그날 목숨을 잃은 시민들은 그렇게 광주 사람들의 마음속에 영원히 살아남게 됩니다. 그리고 이 기억은 새로운 민주주의 운동을 거세게 이끌어 냈습니다.

5·18 민주화 운동 이후, 우리나라에는 민주화 운동이 끊임없이 이어졌습니다. 민주주의와 자유가 뿌리내리지 못하도록 막고 있던 독재자들에 맞서 싸운 힘과 용기는 모두 전남도청을 지키기 위해 남은 시민들의 희생으로부터 나왔습니다. 전남도청은 우리나라 민주주의의 불꽃이 시작된 역사적인 장소인 셈입니다.

도청 본관에 있던 상황실도 매우 특별한 장소입니다. 사람들은 광주 곳곳에서 계엄군의 총에 맞아 세상을 떠난 시민들을 이곳에 옮겼습니다. 실종된 가족을 찾아 헤매던 사람들은 도청 상황실로 와서 사람들의 얼굴을 확인했다고 해요. 광주 시민들은 자원봉사자가 되어 세상을 떠난 사람들의 시신을 깨끗하게 닦아 주고, 관에 넣

옛 전남도청. 건물 일부가 잘려 나간 그대로 남아 있다.

어 가족을 찾아 주었습니다. 이 자원봉사자들 가운데는 고등학생들도 있었어요.

　이제 다시 민주광장에 서 봅니다. 여기서 민주주의를 외치던 사람들은 목숨을 잃거나, 살아서 광주의 이야기를 세상 사람들에게 알렸습니다. 인터넷이 없던 1980년 당시, 다른 지역 사람들은 광주에 계엄군이 들이닥쳤다는 사실조차 모르고 있었지요. 힘과 권력을 가진 사람들이 진실을 감추고, 진실을 말하는 사람들을 가두고 괴롭혔기 때문입니다. 광주 시민들을 폭도라고 비난하기까지 했습니다. 광주 시민들은 굴하지 않고 자료를 모으고, 기회가 있을 때마다 진실을 알렸습니다. 결국 전두환이 법정에 서고, 시위대를 진압하는 과정에서 계엄군이 헬기 사격을 했다는 소문도 사실로 밝혀지게 됩니다. 그렇지만 지금도 여전히 1980년 5월 18일 광주에서 어떤 일이 일어났는지, 진실은 완전히 드러나지 않았어요. 더 많은 사람들이 5·18 민주광장을 방문하고 광주 답사 여행에 동참해 주기를 바랍니다.

금남로

위치: 광주광역시 동구 금남로

금남로는 광주의 중심이 되는 거리예요. 넓은 거리와 광장은 시민들이 촛불을 들고 모여 정치적인 의견을 외치는 대표적인 장소입니다. 사람들은 절실한 뜻을 알릴 방법이 없을 때 으레 거리로 나와 광장에 섭니다. 5·18 민주화 운동 때 광주 시민들은 금남로에 모여 행진을 했습니다. 금남로의 끝에 바로 분수대와 전남도청이 있었기 때문입니다.

이제 '해방의 땅'이라 불렸던 금남로에 서 볼까요? 이곳에 서 있으면 목숨을 걸고 계엄군에 맞서던 시민들의 모습이 떠오릅니다. 금남로로 모인 사람들은 아주 다양했어요. 우선 시내 곳곳에서 계엄군에 쫓기던 시민들이 금남로로 모였습니다. 시위를 하던 학생들도 전남대학교에서부터 쫓겨 와 금남로로 모여들었지요. 계엄군이 저지르는 폭력에 화가 난 택시 기사들과 버스 기사들은 5월 20일 무등경기장에서부터 금남로까지 이어지는 길에서 자동차로 시위를 벌이기도 했어요.

1980년 5월 21일, 금남로에서는 잊을 수 없는 사건이 벌어집니다. 오후 1시에 전남도청에서 애국가가 흘러나오더니 계엄군이 금남로에 모인 시민들을 향해 총을 쏘기 시작한 것입니다. 헬기에서도 총탄이 날아왔지요. 시민들은 모두 흩어졌습니다. 수백 명의 사람들이 죽거나 다쳤지요. 하지만 시민들은 굴하지 않고 무기를 들고 다시 금남로에 모였습니다. 시민들이 스스로 만든 시민군이었습니다. 그날 밤 계엄군은 철수했고, 시민군은 밤 8시쯤 전남도청으로 들어가 광주를 지키기 시작했지요.

　　광주는 이미 계엄군에 둘러싸여 완전히 고립된 상태였습니다. 하지만 광주 시민들은 스스로 공동체를 만들었어요. 다친 사람들을 위해 병원에 달려가 헌혈을 했어요. 또 광주의 큰 시장인 양동시장과 대인시장에서는 사람들이 모여서 주먹밥을 만들었지요. 전남도청 안에서 광주를 지키고 있는 시민군에게 보내기 위한 주먹밥이었답니다. 계엄군의 총탄에 목숨을 잃은 사람들을 닦아 주고, 가족의 품에 돌려보낸 것도 모두 자발적으로 모인 광주 시민들이었지요. 누가 시키지 않아도, 시민들은 관을 구해 오고 태극기로 세상을 떠난 사람들의 몸을 덮어 주었습니다. 한 시민군은 이런 광주 시민들의 모습을 훗날 이렇게 떠올리기도 했습니다.

가는 곳마다 넘치는 시민들의 격려와 보살핌은 어느새 나의 두 눈에 눈물이 고이게 했다. 아무리 눈물을 흘리지 않으려고 애를 써도 그러면 그럴수록 가슴은 뜨거워졌고 눈시울은 젖어 마침내 눈물은 볼을 타고 흘러내리기 시작했다. 아무런 의미도 부여할 필요가 없었다. 나는 자연스럽게 죽음마저도 각오하고 있었다. (이세영)

— 김정인 외, 5·18기념재단 기획, 《너와 나의 5·18》 중에서

조비오 신부와 헬기 사격

1980년 5월 21일, 광주교구의 사제였던 조비오 신부는 불로교 다리 위에 떠 있는 헬기를 보았습니다. 헬기에서 타타타 하는 엄청난 소리와 함께 불꽃이 튀었습니다. 헬기에 탄 계엄군이 총을 쏘고 있었던 것입니다. 조비오 신부는 광주 시민들이 계엄군의 총에 맞아 쓰러지는 모습을 보고 앞장서 시민군을 도왔고, 헬기 사격을 보았다고 적극적으로 증언하기도 했습니다. 그러다 체포되어 감옥에 가기도 했지요.

그런데 전두환은 회고록에서 당시에 헬기 사격은 없었다며 조비오 신부를 '거짓말쟁이'로 몰아붙였습니다. 2016년이 되어서야 전일빌딩에서 헬기 총탄이 발견되어 조비오 신부의 말이 진실이라는 것이 밝혀졌습니다.

민주광장 시계탑 너머, 금남로 오른편을 볼까요? 오래된 건물이 눈에 띕니다. 전일빌딩245라는 간판이 걸려 있지요. 이 빌딩에는 왜 245라는 숫자가 붙어 있을까요? 245는 바로 전일빌딩에서 발견된 총탄 자국의 수를 뜻합니다. 5·18 민주화 운동 당시, 사람들은 헬기에서 군인들이 총을 쏘았다고 증언했습니다. 하지만 증거가 없다는 이유로 공식적으로 인정받지 못한 이야기로 남아 있었지요. 그런데 2016년 12월 13일, 전일빌딩 10층에서 뜻밖에도 헬기 총탄 자국이 발견된 것입니다. 광주시는 원래 이 건물을 헐고 광장을 확장하려고 했지만, 헬기 사격 증거가 발견되어 계획을 바꾸었습니다. 이제 사격 증거가 발견된 전일빌딩 9층과 10층은 5·18 기념 공간이 되었지요.

옛 전남도청 앞에서 바라본 전일빌딩.

5·18 민주화 운동 기록관

위치: 광주광역시 동구 금남로 221

전일빌딩245에서 5·18 민주광장을 등지고 금남로를 5분 정도 걸어가다 보면 5·18 민주화 운동 기록관이 나와요. 5·18 민주화 운동에 대해 자세히 알아볼 수 있는 곳이라서, 관람객들로 늘 붐비는 곳이지요. 민주화 운동 현장에 있었던 전시물들을 차근차근 관람하면서, 당시 광주 시민들의 삶이 어떠했는지 함께 알아봐요.

기록관 1층에 들어서면 가장 먼저 커다란 유리 전시관이 보입니다. 광주은행 옛 본점의 유리창을 떼어 진열해 놓은 것인데, 당시 계엄군이 쏜 총알이 유리창을 뚫고 나간 흔적이 고스란히 남아 있지요. 광주은행은 유리창을 버리지 않고 그대로 사용했고, 이후 기록물 중 하나로 소중히 보관했다가 이곳에 전시했습니다. 총알에 구멍이 뻥 뚫리고 금이 간 유리창을 보고 있으면, 계엄군의 횡포 때문에 두려움에 떨었을 광주 시민들의 마음이 고스란히 느껴집니다.

1층과 2층은 상설 전시실이에요. 5·18 민주화 운동이 일어난 배경과 진행되는 과정이 자세하게 소개되어 있어요. 이제 1층 상설 전시관으로 한번 들어가 볼까요? 다양한 사진들이 전시관 좌우로 빼곡하게 진열되어 있어 당시 광주의 모습을 생생하게 체험할 수 있습니다. 5월 20일 밤, 계엄군이 광주 시민들을 총으로 쏘아 죽였지만 텔레비전이나 신문에서는 이 일을 보도조차 하지 않았지요. 광주 시민들은 세상을 떠난 사람들의 시신을 손수레에 싣고 태극기로 덮은 다음 직접 금남로로 옮겼고, 그 뒤를 수많은 시민들이 따랐습니다. 당시 현장을 찍은 사진도 볼 수 있습니다.

사람들이 힘을 합쳐 신문을 찍는 모습, 피 흘리며 쓰러진 시민을 다급히 옮기는 사람들의 사진을 지나면, 둥근 공간에 전시되어 있는 찌그러진 양은 함지박을 만나게 됩니다. 광주의 어머니들은 커다란 솥에 밥을 지은 다음, 삼삼오오 함께 모여 주먹밥을 빚었습니다. 그러고는 이 양은 함지박에 담아 시민군에게 전달했다고 해요. 그 뒤로 주먹밥은 5·18 민주화 운동의 정신이자 광주의 상징이 되었지요. 광주 사람들은 다 함께 주먹밥을 먹으며 연대와 나눔을 실천했습니다. 그 정신은 이후 전국의 민주화 운동으로 계속 번져 나갔습니다.

이제 다급히 뛰어가다 혹은 도망치다 붙잡히면서 사람들이 떨어뜨린 신발들을 따라 만들어진 〈어둠의 행진〉을 지나면 5·18 민주화 운동의 참상을 담은 다양한 예술가들의 작품을 만날 수 있습니다.

2층으로 올라가 볼까요? 2층에서는 5·18 민주화 운동이 어떻게 진행되었는지 자세히 볼 수 있습니다. 시민군이 일어나는 과정과, 민주화 운동이 전라남도 전역으로 퍼져 나가고, 결국 전국으로 발전해 가는 과정도 볼 수 있습니다. 시민들이 직접 찍어 냈던 신문과 민주화 운동 선언문들도 눈에 띕니다. 모두 누렇게 색이 바랬지만 거기에 적힌 글자들은 모두 똑똑히 읽을 수 있을 정도로 선명하지요. 당시에 사용되었던 태극기와 계엄군의 무기와 군복도 나란히 놓여 있습니다. 〈임을 위한 행진곡〉의 원본 악보도 바로 이곳에서 볼 수 있어요.

3층은 5·18 민주화 운동 기록물들을 볼 수 있는 공간입니다. 정부와 국회에서 나온 공식 기록뿐만 아니라 시민들의 증언 자료와 일기도 있지요. 현장에서 찍힌 사진과 필름도 남아 있답니다.

이 자료들은 모두 5·18 민주화 운동 단체들이 꾸준히 모아 온 것입니다. 1994년 5·18기념재단이 만들어진 뒤, 기념재단과 광주시는 이 자료들을 모아 책으로 내기도 했어요. 2010년에는 유네스코에 세계기록유산으로 등재 신청을 했는데 1년 뒤에 인권 분야 세계기록물로 인정을 받았습니다. 5·18 민주화 운동은 국제적으로도 아주 중요한 사건이기 때문이지요.

여기 모인 기록물들이 이토록 잘 보존되지 못했다면, 5·18 민주화 운동의 진실은 영원히 역사 속에 묻혀 버렸을지도 모릅니다. 왜냐하면 당시 권력자들은 5·18 민주화 운동을 '폭도들이 일으킨 반란'이라고 말하고 다녔기 때문입니다. 계엄군이 시민들에게 총을 쏘고 폭력을 휘두른 것도 폭도들을 잡기 위해 정당하게 한 일이라고 포장했습니다. 40년이 넘는 시간이 흐른 지금도, 광주는 민주화 운동을 왜곡하려는 세력에 맞서서 싸우고 있습니다.

이제 6층으로 올라가 볼까요? 6층에는 1980년 당시 윤공희 대주교의 집무실이 복원되어 있습니다. 윤공희 대주교는 광주의 가톨릭 지도자였습니다. 5·18 민주화 운동이 평화적으로 해결되도록 수십 년간 애쓴 인물이기도 하지요. 6층에서 보면 금남로가 한눈에 들어옵니다. 윤공희 대주교는 이곳에서 계엄군에 쫓기는 시민들을 보면서도 두려움에 아무것도 하지 못했을 것입니다. 그래서 6층 복도 액자에는 다음과 같은 글이 적혀 있습니다.

"사제는 가난하고 소외된 사람들에게 다가가야 합니다. 저는 그렇게 살지 못해 지금도 반성하며 살고 있습니다."

5·18 문제 해결 5대 원칙

1993년 광주 5·18 유족회, 부상자회 등 5·18 민주화 운동 단체들과 광주 시민사회단체들은 인권과 관련된 무척 중요한 결정을 내려요. 바로 5·18 민주화 운동 문제를 해결하는 다섯 가지 원칙을 세워 발표한 것이지요.

1. 진상 규명   2. 책임자 처벌   3. 집단 배상
4. 명예 회복   5. 기념 사업

이 원칙에 따라 사람들은 제일 먼저 광주 시민들을 학살한 책임자를 찾아 처벌하고자 노력했어요. 전두환과 그의 관련자들을 고소·고발하기도 했지요. 전국적으로 관심을 이끌어 낸 덕분에 결국 1995년 12월, 국회는 '헌정 질서 파괴 범죄의 공소시효 등에 관한 특별법'과 '5·18 민주화 운동 등에 관한 특별법'을 통과시켰습니다. 이 법에 따라 전두환, 노태우 등은 광주 시민 학살에 앞장섰다는 이유로 법정에 섰고 유죄를 받았습니다. 광주 시민이 폭도라는 누명을 벗게 된 것이지요. 그렇지만 전두환, 노태우 등은 1997년 12월에 사면을 받았습니다.

　5·18 민주화 운동 문제가 완전히 해결될 때까지는 많은 시간이 걸릴 것입니다. 광주 시민들이 명예를 회복하고, 다시는 이런 일이 일어나지 않도록 역사를 바로잡는 것이야말로 우리가 잊지 않고 해야 할 중요한 일입니다.

농성광장

위치: 광주광역시 서구 농성동

자, 이제 지하철을 타고 농성역으로 이동해 볼까요? 광주 지하철 농성역에 내려 1번 출구로 나오면 삼각형 모양 숲이 보입니다. 자세히 보면 5·18 민주화 운동 유적지라는 것을 알리는 표지석이 서 있지요. 이곳이 바로 농성광장입니다. 지금은 평화롭기만 한 이 작은 공원에서 1980년 5월 26일 광주 시민들은 목숨을 내걸고 '죽음의 행진'을 시작했습니다. 무슨 일이 일어났던 걸까요?

1980년 5월 22일, 계엄군은 광주 시내에서 시민군에게 쫓겨 이곳 농성광장 근처까지 밀려났습니다. 계엄군은 이 주변 마을 골목을 돌아다니며 시민들을 향해 무차별적으로 총을 쏘기도 했습니다. 바로 전날까지도 자유롭게 농성광장을 드나들었던 시민들은 겁에 질린 나머지 저항도 하지 못했지요. 결국 계엄군은 상무대로 통하는 국군통합병원 근처에 철조망을 치고 광주를 완전히 고립시켰습니다. 통신도 끊고 바깥으로 나가거나 들어올 수도 없게 만들었지요. 하지만 광주 시민들은 주먹밥을 만들어 나누어 먹고, 부상자들을 치료하

농성광장의 5·18 민주화 운동 유적지 표지석.

고, 헌혈을 하는 등 스스로 공동체를 만들어 살아갔습니다.

   5월 26일 새벽, 계엄군은 탱크를 몰고 광주시 외곽에서 시내로 진입을 시도했습니다. 수백 명의 사람들이 계엄군의 탱크가 들어오는 것을 막고자 행진을 시작했습니다. 계엄군의 총에 맞아 죽을 수도 있는 상황이었지만, 이들은 도로를 걸어 나갔고, 결국 계엄군의 탱크가 시내로 진입하는 것을 막을 수 있었습니다. 시민들은 계엄군의 작전을 막고 평화적으로 상황을 해결하고자 했습니다. 이것이 바로 '죽음의 행진'입니다. 하지만 27일 새벽, 탱크는 다시 시내로 진입

상무대 영창

광주 5·18 민주화 운동 당시, 농성역 서쪽은 군사 지역이었습니다. 그곳에는 상무대 영창과 군부대, 국군 통합병원이 자리하고 있었지요. 지금은 5·18 기념공원 등 새로운 건물들이 들어서 옛 모습은 거의 사라지고 없어요. 하지만 상무대 영창은 남아 있지요. 민주화 운동으로 체포된 시민들은 이곳 상무대 영창으로 끌려와 어마어마한 고문과 폭행을 당했습니다.

쇠창살이 쳐진 좁고 둥근 방 안에 150명이 넘는 사람들이 갇혀 있었습니다. 제대로 누울 수도 없을 정도로 비좁았다고 해요. 식판이 없어 두 사람이 식판 하나를 두고 밥을 같이 먹었습니다. 하지만 무엇보다도 쇠창살에 매달거나 때리는 등 상상할 수 없을 만큼 지독한 고문을 당하는 것이 가장 힘들었다고 합니다.

지금 상무대 영창은 원래 있던 곳에서 100미터 정도 옮겨진 것입니다. 실내는 전시실이 되어 광주 5·18 민주화 운동의 발자취를 설명해 주고 있습니다.

했습니다.

천천히 농성광장을 걸어 볼까요? 지금 이곳은 평화롭고 작은 공원일 뿐입니다. 몇 십 년 전 이곳에서 수많은 사람들이 목숨을 걸고 싸웠다는 것은 상상하기 힘들 정도입니다. 공원 안을 이리저리 걷다 보면 작은 정자가 보이고, 그 옆으로 '농성광장 격전지'임을 알려 주는 커다란 기념비가 나타납니다. 기념비 옆에는 작은 탱크 모양의 안내판이 설치되어 있어요. 농성광장에서 어떤 일이 있었는지 짧게나마 읽어 볼 수 있지요.

양동시장과 오월어머니집

위치: 양동시장_광주광역시 서구 천변좌로 238
오월어머니집_광주광역시 남구 천변좌로 418번길 18

농성역에서 지하철로 두 역만 가면 양동시장역에 도착합니다. 양동시장은 100여 년의 역사를 자랑하는, 광주·전남 지역에서 가장 큰 시장이에요. 한때 광주 시민들 사이에서는 없는 게 없는 곳으로 불렸답니다. 광주의 활기가 넘치는 이 시장은 5·18 민주화 운동 당시 큰 역할을 했습니다.

5·18 민주화 운동 당시, 양동시장은 광주시 중심부에서 꽤 멀리 떨어져 있는 곳이었어요. 그래서 처음에는 시위와도 큰 상관이 없었지요. 하지만 양동시장 입구에는 5·18 민주화 운동 유적지임을 알리는 조형물과 표지석이 서 있습니다. 커다란 손이 주먹밥을 쥐고 있는 형상을 한 조형물입니다. 시민군이 먹을 주먹밥을 만들어 나누어 주었던 대표적인 장소가 바로 이곳 양동시장이기 때문이지요.

계엄군이 잠시 물러나고 시민군이 전남도청을 지키고 있을 때, 시장 상인들은 십시일반 돈과 물품을 모아서 주먹밥, 김밥, 떡, 빵, 우

양동시장 입구의 5·18 유적지 조형물. 시민군이 탄 버스에 시장 상인들이 주먹밥을 실어나르는 모습을 형상화했다.

유 등 먹을 것을 준비했다고 합니다. 계엄군의 만행을 보고는 가만히 있을 수 없다고 생각했던 것이지요.

　주먹밥을 만들어 시민군에게 나누어 준 곳은 양동시장뿐만이 아니었어요. 대인시장, 남광주시장 사람들을 비롯해 광주 이곳저곳의 시민들이 밥을 짓고 주먹밥을 싸서 도청으로 날랐습니다. 양동이에 물을 받아다 목마른 이에게 나누어 주기도 했습니다. 시민군이 밥도 못 먹고 싸우는 모습이 안쓰럽다고 하면서요.

양림동 오월어머니집. 유가족과 부상자 등 5·18 민주화 운동을 겪은 광주 여성들이 모이는 곳이다.

　양동시장에서 광주천을 따라 쭉 산책을 해 봅니다. 30분쯤 걸어 내려가면 다음 목적지인 오월어머니집에 도착할 수 있습니다. 오월어머니집이 있는 양림동은 서양 선교사들이 거주하던 곳이라서 오래된 서양식 건물들이 많아요. 오월어머니집은 양림오거리에서 양림역사문화마을 방향으로 가다 보면 왼편에 보이는, 검은 벽돌로 지어진 2층 양옥집이에요.

　오월어머니집은 어떤 곳이기에, 광주 답사 여행에서 꼭 들러봐야 하는 장소가 되었을까요? 이곳은 바로 5·18 민주화 운동을 겪은 여성들이 모이는 곳이에요. 유가족과 부상자들이 많은데, 회원은 100명이 넘습니다. 대부분이 80세 이상의 할머니들이에요. 이곳에 모여 강의를 들으며 공부를 하고, 상담 치료를 받으며 건강을 돌보기도 합니다. 요가나 노래를 배우는 시간도 있지요.

광주의 여성들은 5·18 민주화 운동을 온몸으로 겪었습니다. 계엄군의 폭력에 맞서 거리 시위를 함께했고, 헌혈을 하고, 부상자를 간호했습니다. 시신을 닦아 주고, 주먹밥을 만들어 나누어 주고, 기록을 남기기도 했습니다. 그러니 남성과 다름없이 투쟁에 참여한 영웅이었던 것이지요. 하지만 이들의 업적은 그다지 평가받지 못했습니다. 그동안 이루어진 5·18 기념 사업이 대부분 남성을 중심으로 이루어졌기 때문이지요.

광주 여성들은 5·18 민주화 운동이 끝난 뒤에도 극심한 고통을 겪었습니다. 부상당했거나 트라우마에 시달리는 남편과 가족을 병원에 데려갈 수 없어서 집에서 직접 치료하고 돌보았습니다. 다친 남성들을 대신해 생계를 책임지고, 부모와 아이를 간호했습니다. 그러느라 자신의 고통은 다스릴 겨를도 없이 세월을 보낸 여성들도 많습니다.

망월동 묘역

위치: 광주광역시 북구 민주로 200

이제 국립 5·18 민주묘지로 가 봅시다. 민주의 문을 들어서면 민주 광장이 나와요. 그곳을 지나면 높은 추모탑이 서 있고, 그 뒤편에는 5·18 희생자들의 묘지가 있어요. 중고등학생부터 나이가 많은 분들까지, 광주 5·18 민주화 운동 때 계엄군에 맞서 싸웠던 시민들이 묻힌 곳이지요. 민주광장 왼편에는 추모관이 있어요. 그곳에는 5·18 묘역이 조성되었던 과정과 광주 5·18 민주화 운동의 전개 과정에 대한 전시가 진행되고 있지요. 국립 5·18 민주묘지의 후문으로 나서서 도로 하나를 건너면 5·18 구묘역이 나와요. 5·18 희생자들이 처음 묻힌 곳이자, 민주화 운동의 성지이기도 한 망월동 묘역에 도착한 것입니다.

1980년 5월, 계엄군은 많은 광주 시민의 목숨을 빼앗았습니다. 망월동 묘역은 계엄군이 희생자들을 처리하기 위해 만든 곳이자, 광주 시민들이 희생된 가족을 묻어 주며 슬픔을 나누었던 장소였습니다.
    그런데 이곳에는 5·18 민주화 운동 희생자들만 있는 것은 아니에

5·18 민주화 운동 때 사망한 시민들이 묻힌 망월동 묘역.

요. 1990년대에 이르기까지 끊임없이 이어져 온 민주화 운동과 노동 운동 과정에서 목숨을 잃은 사람들도 차례차례 이곳에 묻혔지요. 이렇게 망월동 묘역은 점차 민주화 운동의 성지가 되었습니다. 그래서 지금까지도 수많은 참배객들이 다녀가는 중요한 장소입니다.

    자, 이제 망월동 묘역을 천천히 걸어 볼까요? 특별한 장식도, 거창한 조형물도 없는 이곳은 조용하기 때문에 추모하는 마음에 더욱 집중할 수 있어요. 입구에는 '전두환'이라는 이름이 새겨진 비석이 바닥에 깔려 있습니다. 사람들이 묘역에 들어서면서 이 이름을 밟고 다니도록 한 것입니다.

　망월동 묘역에 묻힌 5·18 민주화 운동의 희생자는 모두 126명이에요. 그런데 1997년에 국립 5·18 민주묘지가 새로 만들어지면서, 이곳에 잠들어 있던 희생자들은 모두 새로운 묘역으로 옮겨졌다고 해요. 하지만 이곳은 끔찍했던 5·18의 역사를 고스란히 보여주는 곳일 뿐만 아니라, 그동안 수없이 많은 사람들이 다녀간 곳이기 때문에 그대로 보존되어 있지요.

　민주화 운동 희생자들의 묘지도 찾아 볼까요? 학생, 노동자, 사회운동 지도자, 활동가 등 50여 명의 사람들이 이곳에 함께 묻혀 있습니다. 1987년 6월항쟁 때 최루탄을 맞고 목숨을 잃은 이한열 학생, 독재에 반대해 시를 쓰고 투쟁을 하다 옥에 갇혀 '민족 시인'으로 불렸던 김남주 시인, 경찰의 물대포로 목숨을 잃은 백남기 농민운동가도 이곳에 묻혀 있지요. 한쪽에는 독일 기자 위르겐 힌츠페터 씨를 추모하는 공간도 있습니다. 그는 5·18 민주화 운동을 사진과 영상으로 남긴 사람이에요. 광주에서 어떤 일이 일어났는지 전 세계에 생생하게 알렸지요. 위르겐 힌츠페터 씨는 죽으면 광주에 묻히고 싶다는 말을 남겼대요. 그래서 망월동 묘역 한쪽에 서 있는 기림비 속에는 그의 머리카락과 손발톱이 들어 있답니다.

　그런데 망월동 묘역이 언제나 사람들이 자유롭게 드나들 수 있

오월길

해마다 5월이면 광주에서 오월길을 따라 걷는 사람들이 있어요. 오월길 웹사이트에서 다양한 코스를 확인할 수 있답니다. 인권길, 민중길, 예술길 등 주제에 따라 다양하게 설계된 오월길을 걸으며 5·18 민주화 운동의 숨결을 깊이 느껴 보세요.
오월길 http://518road.518.org

열사

열사란 '나라를 위하여 절의를 굳게 지키며 충성을 다하여 싸운 사람'을 뜻합니다. 일제강점기 때 독립운동을 펼치다 죽음에 이른 유관순 열사와 같은 위인들을 부르는 말이지요. 5·18 민주화 운동 때도 우리나라의 민주주의를 위해 목숨을 바쳐 싸운 열사들이 있었습니다. 경찰에 끌려가 잔혹한 고문을 받고 세상을 떠난 박종철, 민주화 운동에 힘을 보태고자 시위에 참가했다가 경찰이 쏜 최루탄에 맞아 세상을 떠난 이한열, 들불 야학의 스승으로 마지막까지 전남도청에 남아 싸운 윤상원을 비롯해 이름이 알려지지 않은 수많은 '민주 열사'들이 바로 그들이지요.

> ## 국가보안법
>
> 국가보안법은 이승만 정권 때 처음 만들어졌습니다. 국가의 안전을 위태롭게 하는 반국가 활동을 막고, 국가의 안전과 국민의 생존 및 자유를 확보한다는 명분으로 만든 법률입니다. 하지만 이승만, 박정희, 전두환 등은 오히려 국민의 자유를 억압하는 데 이 법을 이용했습니다. 사상과 표현의 자유는 민주주의 기본인데도, 독재에 반대하며 민주화 운동에 참여한 수많은 사람들을 국가보안법 위반으로 체포하고는 감옥에 가두고 고문까지 했습니다.

었던 것은 아니에요. 전두환 정권이 5월이 되면 추모객들이 망월동 묘역으로 향하는 것을 막았기 때문입니다. 1980년과 1981년에는 희생자의 가족들이 이곳에서 제사를 지내기도 힘들었다고 해요. 그래서 몰래 산을 넘어 묘역으로 오기도 했지요. 1981년에는 묘역 앞에서 추모제를 지냈다는 이유로 국가보안법 위반으로 감옥에 잡혀간 사람들도 있었어요. 그래도 추모객의 발길이 끊이지 않자, 전두환은 희생자들의 묘지를 이곳저곳으로 흩어 버리려고 했습니다.

이제 다시 국립 5·18 민주묘지를 돌아봅니다. 높은 추모탑과 잘 정돈된 묘지들이 보입니다. 정부 기념식 등 다양한 행사가 열리는 곳

마석 모란공원

경기도 남양주에는 미술관과 공원 묘지가 나란히 붙어 있는 특별한 곳이 있습니다. 바로 마석 모란공원이에요. 이곳은 산 전체가 공원 묘지로 쓰이고 있는데, 민주화 운동과 노동, 인권, 통일 등 사회운동을 했던 사람들의 묘가 160기 정도 있습니다. 그래서 민주 열사 묘역이라고 불리기도 하지요. 전태일, 문익환, 김근태, 박종철, 노회찬 등 이름이 알려진 사람들의 묘지가 바로 이곳에 있어요. 우리나라 현대사에서 잊혀서는 안 될 사람들이지요. 민주주의와 인권을 위해 치열하게 싸운 사람들을 만나고 싶다면 망월동 묘역 답사를 마친 후 모란공원까지 둘러보기를 바랍니다.

모란공원 입구 안내판에서는 묘역도를 확인할 수 있어요. 독재 권력에 맞서 싸우다 목숨을 잃은 사람들, 노동자들을 위해 스스로 몸을 던져 세상을 떠난 사람들의 묘를 하나하나 발견할 때마다 이들이 꿈꾸었던 새로운 세상은 무엇일지 마음속으로 그려 보는 건 어떨까요?

마석 모란공원 언덕 위에서 내려다본 민주 열사 묘역.

이라 망월동 묘역과는 분위기가 많이 다릅니다. 국립 묘지 오른편에는 추모관이 있습니다. 5·18 민주화 운동이 어떻게 전개되었는지 한눈에 볼 수 있는 곳이지요. 망월동 묘역이 어떻게 탄생했는지, 그 역사도 함께 볼 수 있으니 꼭 들러 보기 바랍니다.

생각 더하기

✦ 1980년 당시 5·18 민주광장과 금남로에 모인 사람들의 마음은 어땠을까 상상해 봐요. 사람들을 분노하게 만든 것은 무엇이었는지, 사람들이 바랐던 것은 무엇이었는지 생각해 봅시다. 여러분이 그 자리에 있었다면 어떤 구호를 외치고 싶었을까요?

✦ 5·18 민주화 운동 기록관에서 본 광주 시민들의 다양한 활동 중 가장 기억에 남은 것은 무엇인가요? 왜 그런지 이야기를 나눠 봐요.

◆　국립 5·18 민주묘지를 간다면 희생자 중에 10대 청소년들의 묘지를 찾아봐요. 묘비의 옆 면에 태어난 날이 적혀 있어요. 과연 몇 명이나 될까요? 그들은 왜 시민군에 맞서 싸우게 됐을까요?

◆　독재 정권에 저항한 광주 시민들이 없었다면, 5·18 민주화 운동이 일어나지 않았다면 지금 우리가 살고 있는 사회는 어떤 모습이 되었을지 상상해 봅시다.

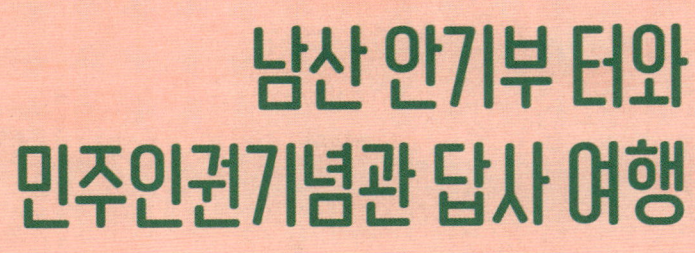

남산 안기부 터와 민주인권기념관 답사 여행

남산 안기부 터와 민주인권기념관 답사를 떠나며

남산 안기부 터와 용산의 민주인권기념관은 모두 서울 한복판에 자리잡고 있어요. 지금도 수많은 사람들이 오가는 곳이지요. 그런데 한때는 이곳에서 고문과 폭행이 매일 일어났습니다. 하지만 '국제해양연구소'와 같은 가짜 간판이 걸려 있어 이곳에서 무슨 일이 일어나는지 평범한 시민들은 전혀 알 수 없었지요. 이곳으로 끌려온 사람들은 모진 고문을 견디다 못해 거짓 자백을 하거나 목숨을 잃기도 했습니다.

지금 이 두 곳은 국가가 국민을 향해 휘두른 폭력을 기억하고 민주화 운동의 발자취를 보존하는 장소로 거듭났습니다. 특히 '남영동 대공분실'로 불렸던 민주인권기념관은 2024년에 우리나라의 민주화 운동을 기념하는 공간으로 다시 태어납니다. 남산 안기부 터와 민주인권기념관을 둘러보며 우리나라의 민주주의가 어떻게 성장했는지 돌아봐요.

안기부와 민주주의 돌아보기

안기부는 '국가안전기획부'를 줄여 부르는 말이에요. 지금의 국가정보원의 옛 이름이지요. 안기부 이전에는 '중앙정보부'라고 불렀어요. 안기부는 불법적으로 사람들을 감시하고 도청하는 일을 했어요. 또 언론 기사를 통제하거나 법 집행에도 영향력을 미쳤습니다. 이렇게 무려 23년여 동안 안기부는 독재 정권을 지탱하기 위해 어두운 권력을 휘둘렀어요.

박정희, 전두환 정권 때 안기부는 민주주의를 외치고 독재에 반대하는 사람들을 감시하고, 잡아 가두어 고문했어요. 간첩이라는 누명을 씌우기도 했고요. 그 모든 일들이 남산 안기부에서 일어났어요. 그래서 당시 사람들은 '남산에서 나왔다'는 말 한 마디에도 벌벌 떨었다고 해요. 안기부가 다른 곳으로 옮기며 건물을 폭파하는 등 당시의 현장을 많이 지워 버렸지만, 여전히 남아 있는 흔적들이 있습니다.

남산 안기부 터와 민주인권기념관 답사 코스

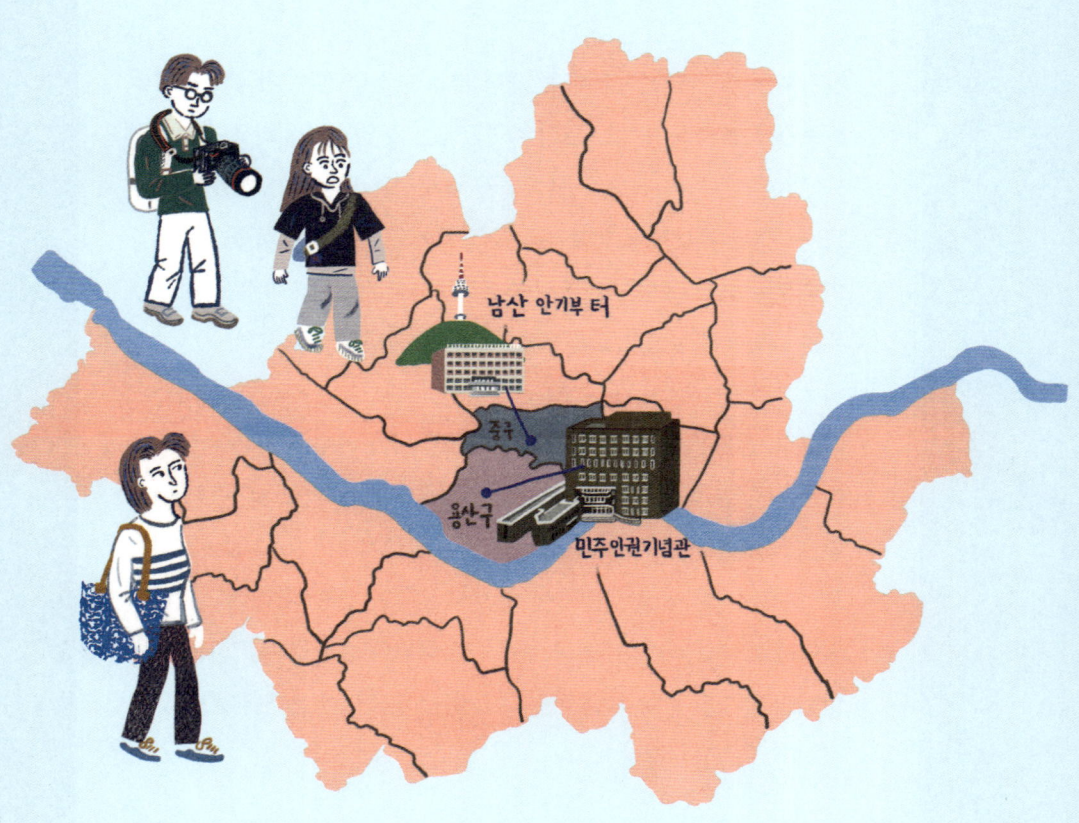

① 남산 안기부 터 ······▶ ② 민주인권기념관

남산 안기부 터

위치: 서울 중구 퇴계로26가길 6
서울유스호스텔

서울 지하철 명동역에서 내려 시청 남산 별관까지 걸어가 볼까요? 서울소방방재센터를 지나 옛 중앙정보부, 즉 안기부 본관과 별관 건물들로 이어지는 이곳에는 길목 길목마다 놓치지 않고 보아야 할 장소들이 있어요. 천천히 걸으며 이곳에 남겨진 역사의 현장들을 살펴봐요.

남산은 서울 도심에서 아름다운 자연을 만끽할 수 있는 평화로운 곳이에요. 하지만 1961년부터 1994년까지, 이곳에는 중앙정보부로 불리기도 했던 안기부가 있었습니다. 그래서 당시 사람들 사이에서 남산은 끔찍한 고문과 감시를 통해 사람들의 인권을 유린하는 무서운 공간이자, 독재 권력의 상징과도 같은 곳으로 여겨졌습니다.

남산 예장공원에 들어서면 지상 공원에 '기억 6 전시관'이 있고, 지하에는 독립운동가 '이회영 기념관'이 있어요. 여기에는 '6국'이라고 불리던 건물이 있었던 곳입니다. 야외에는 건물 흔적들이 남아 있고, 전시관 내부에는 이곳에서 자행된 고문을 소개하고 있어요. 소방방재센터를 지나면 삼거리가 나오는데, 삼거리에서 직진을 하면 막다른 골목에서 '문학의 집·서울'을 만날 수 있어요. 숲속에 푹 파묻힌 작은 집으로, 마당에는 잔디가 잘 가꾸어져 있지요. 지금은 문학 관련 행사나 전시회가 열리는 공간이지만 예전에는 중앙정보부장의 공관으로 쓰였어요.

다시 삼거리로 돌아와 왼편 길로 접어들면 일본군 위안부를 기억하기 위한 자리인 '기억의 터'가 나옵니다. 위안부 할머니들은 전쟁으로 인해 참혹한 피해를 입었지만 당당하게 평화 인권 활동가로 활동했지요. 기억의 터는 '기억하지 않는 역사는 되풀이된다'라고 외친 할머니들의 메시지를 세상에 전해, 진정한 의미의 평화와 정의가 실현되기를 바라는 마음으로 만들어졌어요. 기억의 터 바로 옆 축대에는 세계인권선언문이 적혀 있습니다. 위안부 할머니들을 떠올리며 한 문장 한 문장 읽어 내려가다 보면, '어느 누구도 고문, 또는 잔혹하거나 비인도적이거나 굴욕적인 처우 또는 형벌을 받지 아니한다'라는 문구가 특히 가슴에 남습니다.

기억의 터를 지나면 옛 중앙정보부 제1별관 터가 나옵니다. 바닥 표지판에는 '통신과 도청, 감청을 수행하던 건물' 자리라고 적혀 있어요. 지금은 건물은 없고 자리만 남아 있을 뿐이지요. 안기부가 쓰던 건물들은 대부분 누가 이용했고 어떻게 쓰였는지가 밝혀지지 않

옛 중앙정보부 본관. 지금은 서울유스호스텔이다.

앉어요. 필요할 때마다 그때그때 바꾸어 사용했는데, 구청이나 다른 기관에서도 어떻게 쓰이는지 전혀 알 수가 없었다고 해요.

제1별관 터에서 커다란 건물이 보입니다. 바로 서울유스호스텔이에요. 1972년에 중앙정보부 본관으로 지어진 건물이지요. 건물 앞 표지석에는 한때 국가안전기획부의 본부로 사용되었다는 내용이 적혀 있어요. 수많은 사람들이 이 건물로 억울하게 잡혀 와 간첩 누명을 쓰고 고문을 당했어요. 그 가운데 가장 잘 알려진 인물은 바로 김대중 전 대통령이에요. 김대중 내란 음모 사건으로 끌려와 두 달 동안이나 이곳에 갇혀 지냈지요. 하지만 당시 사람들은 이곳이 어떤 곳인지도 잘 몰랐다고 해요.

유스호스텔 건물을 지나 조금 걷다 보면 둥근 터널이 나와요. '소릿길 터널'이라고 불리는 이 터널을 지나면 3층짜리 건물이 눈에 들어옵니다. 바로 서울시청 남산 별관이에요. 이곳은 옛 중앙정보부 제5별관으로 쓰이던 건물로, 안기부 대공수사국이 있던 곳이지요. 이 건물 뒤편으로 돌아가면 지하로 이어지는 계단이 있습니다. 이 계단을 내려가면 고문실이 나오지요.

이곳에서 고문을 당했던 수많은 사람들은 고통스러운 기억 때문에 일부러 이곳을 피해 다니고, 다시는 이곳에 오고 싶지 않다고 말하기도 해요. 그런 고통의 장소를 우리는 무심히 지나치고 있어요. 이 길을 걸으며 인권과 고문에 대해 깊이 생각해 보면 어떨까요?

고문이라고 하면 일제의 만행처럼 먼 옛날 일로 느껴질지도 모릅니다. 하지만 불과 30여 년 전까지도 우리 사회에서 종종 일어났던 일이었어요. 고문이 일어났던 장소도 서울 한복판에 있어, 사실 우리 일상과 아주 가까웠습니다.

독재 정권은 안기부나 경찰, 군인들을 이용해 독재에 반대하는 사람들을 가두고 간첩으로 누명을 씌웠습니다. 간첩이 아닌 사람에게 간첩이라는 거짓 자백을 받기 위해 짧게는 40일, 길게는 180일이

넘도록 고문을 했고요. 고문이 얼마나 끔찍하고 잔인했던지 고문 과정에서 죽은 사람들도 많았고, 살아남은 사람들은 고문 후유증에 시달리며 살아야 했어요.

고문은 인간성을 파괴하는 범죄입니다. 고문실에서 정신적으로나 육체적으로 폭력을 행사하는 사람에게 피해자는 아무런 저항도 못 하고 당할 수밖에 없어요. 피해자는 너무 아프고 두려운 나머지, 고문을 하는 사람의 말에 순순히 따르게 되지요. 하지 않은 일을 했다고 거짓 자백을 하거나 친구와 가족을 배신하게 되기도 해요. 고문이 끝나고 나면 거짓 자백이나 배신을 한 자기 자신을 용서할 수 없어 자책감에도 시달립니다. 이렇게 고문 피해자는 최소한의 인간의 존엄성마저 지킬 수 없는 상태가 되어 평생 커다란 정신적 트라우마를 지닌 채 살아가게 돼요.

그래서 전 세계 여러 나라들이 인간의 존엄성을 짓밟는 고문을 금지하고자 '고문방지협약'에 가입했어요. 고문방지협약은 '고문 및 그 밖의 잔혹하고 비인도적인 또는 굴욕적인 대우나 처벌의 방지에 관한 협약'의 줄임말이에요. 우리나라는 1995년 이 협약에 가입해 당사국이 되었답니다.

민주인권기념관

위치: 서울 용산구 한강대로71길 37

민주인권기념관은 서울 지하철 남영역과 무척 가깝습니다. 승강장 안에서 건물이 보일 정도이지요. 이곳은 예전에는 '남영동 대공분실'이라는 이름으로 알려져 있었어요. 경찰 대공분실 가운데 가장 대표적인 건물이지요. '대공'이란 공산주의자를 상대한다는 의미예요. '분실'은 이런 일을 벌이기 위해 마련한 건물을 뜻하고요. 즉, '대공분실'이란 경찰 내에서 간첩 사건을 전담하는 부서를 말합니다. 하지만 독재 정권 시절에는 독재에 반대하는 사람들을 수사해서 잡아들인 다음 고문하고 간첩으로 조작하는 등의 일을 주로 했어요. 수많은 간첩 사건이 이곳에서 만들어졌지요.

민주인권기념관은 7층짜리 검은색 건물입니다. 정문에서 오른쪽 건물이 본관인데, 한눈에 보기에도 잘 지어진 건물이라는 것을 알 수 있어요. 하지만 자세히 들여다보면 이상한 점이 눈에 띕니다. 5층 유리창들만 유독 세로로 길고 폭이 좁습니다. 왜일까요? 건물 안으로 들어가 보면 그 이유를 알 수 있어요. 이 건물은 유명 건축가 김수근의 작품이에요. 고문과 감시, 감금을 위해 작은 것 하나하나까지 모두 계획된 건물이지요.

1층으로 들어가 볼까요? 이 건물의 내력을 알 수 있는 전시 공간을 지나 뒤편으로 돌아가면 작은 철제문이 나옵니다. 문을 열고 들어가면 빙글빙글 돌아가는 나선형 철계단이 보여요. 그 옆으로는 아주 작은 엘리베이터가 설치되어 있고요. 이 계단과 엘리베이터는 모두 오로지 5층으로만 이어져 있어요.

철계단을 올라가 봅니다. 계단은 모두 72개예요. 이곳에 갇혀 고문을 당한 사람들은 눈이 가려진 채 고문 수사관들에게 이끌려 이 계단을 오르내렸어요. 눈을 감고 올라가 보면 고문을 당한 사람들이 당시 느꼈던 불안감과 두려움을 비슷하게 느낄 수 있어요. 빙글빙글 돌아 드디어 5층으로 들어서면 기다란 복도 양쪽으로 방문들이 보여요. 이상한 점은 금세 알 수 있어요. 방문 위치가 서로 엇갈려 있어요. 우연히 문이 열리더라도 맞은편 방에 누가 있는지 보이지 않도록 설계한 거예요.

5층에는 방이 총 열여섯 개 있어요. 방 안에는 작은 침대와 책상, 욕조가 있고, 모든 가구들은 움직일 수 없게 바닥과 벽에 고정되어 있지요. 방문은 안에서 열 수 없고, 불도 밖에서만 끌 수 있어요. 욕조는 다리를 뻗을 수 없을 정도로 작아요. 씻기 위한 욕조가 아니라

방문이 서로 엇갈려 있는 5층 복도.

물고문을 하기 위해 설치했기 때문이에요. 사람들은 이곳에 갇혀 물고문과 전기고문을 받았어요.

　길고 좁은 창문이 보입니다. 바로 밖에서 이상하게 여겼던 바로 그 창문이에요. 방에 갇힌 사람이 창문을 통해 탈출할 수 없도록 이런 모양으로 창을 만들어 놓은 것이지요. 벽에는 철로 된 타공판이 붙어 있어요. 비명 소리가 벽을 타고 다른 방으로 잘 전달되게 일부러 설치해 놓은 거예요. 고문을 받는 사람의 비명 소리가 옆방에 갇힌 사람에게 생생하게 전달되면 옆방의 사람은 함께 고문을 받는 듯한 공포를 느꼈을 거예요. 빛과 바람, 소리까지 모두 철저히 계산해서 지어진, 고문을 위해 설계된 특수한 건물이라는 것을 알 수 있어요.

　이곳은 '박종철 고문 치사 사건'으로 잘 알려진 대학생 박종철이 끔찍한 물고문을 당하다 죽은 곳이기도 합니다.

　"탁 치니 억 하고 죽었다."

　당시 경찰은 박종철의 죽음을 두고 이런 거짓말을 했습니다. 하지만 사람들은 이 말을 믿지 않았고, 평범한 청년의 죽음에 분노해 거리로 뛰쳐 나왔습니다. 이 열기는 1987년 6월항쟁으로 이어져, 결국 국민이 선거를 통해 대통령을 뽑는 대통령 직선제가 실시되었지요.

6월항쟁

6월항쟁이란 1987년 6월 10일부터 29일까지 전국에서 일어난 민주화 운동이에요. 1987년 1월, 사람들은 박종철의 죽음을 애통해 하며 거리로 나섰어요. 그리고 6월 9일, 대학생 이한열이 시위를 진압하는 전투경찰이 쏜 최루탄에 맞았다는 소식이 들려오자 민주화 운동의 물결은 더욱 거세졌지요. 당시 대통령 전두환은 군사 쿠데타로 대통령의 자리에 올랐고, 국민들이 지금처럼 직접 대통령을 뽑는 직선제 선거를 치르지 않은 채 대통령 자리를 유지했어요. 하지만 6월항쟁을 통해 시민들은 대통령 직선제로 헌법을 개정할 것을 요구했어요. 전두환과 독재 정권은 시민들을 탄압했지만, 저항 운동은 더욱 커져만 갔고 6월 26일에는 전국적으로 100만여 명이 참가하게 됩니다. 결국 전두환 정권의 후계자 노태우는 '6·29 선언'을 통해 대통령 직선제를 실시하겠다고 선언했어요.

이곳에서 고문 생존자들을 기억하고 그들과 함께했던 수많은 사람들의 마음과 노력을 떠올려 봅니다. 이곳은 지독한 고문이 일어났던 곳이기도 하지만 그런 폭력으로도 민주주의와 정의를 향한 사람들의 의지를 꺾지 못한다는 사실을 드러낸 곳이기도 합니다. 정의로운 사람들이 폭력을 이겨낸 장소이지요. 끔찍한 고문은 사람들을 아프게 하고 죽이기까지 했지만, 결국 독재 정권은 무너졌고 민주주의

남영동 대공분실 고문실에서 좁고 긴 창문 너머로 바라본 바깥 풍경.

는 앞으로 나아갔습니다. 그 결과, 지금 우리는 고문의 공포가 없는 세상을 살고 있어요.

하지만 다시 독재 정권이 들어서면 고문은 언제든 권력자들의 도구가 될 수 있어요. 사람이 사람을 고문하는 세상으로 후퇴하는 것을 막으려면 고문으로 고통 속에 죽어간 사람들에 대해 알아야만 해요.

생각 더하기

✦ 우리가 옳다고 생각하는 것, 사실이라고 믿는 것을 솔직히 말하지 못하는 세상이 되면 무슨 일이 벌어질까 상상해 봐요. 독재 정권이 국민들에게 솔직히 말할 자유를 주지 않았을 때, 용기 내어 민주주의를 외치는 사람들이 없었다면 지금 우리는 어떤 세상을 살고 있을까요?

✦ 민주인권기념관을 둘러보고 어떤 느낌이 들었나요? 가장 기억에 남는 공간은 어디였나요? 솔직한 감정과 생각을 함께 나누어 봐요.

✦   인터넷에서 '조작 간첩 사건'을 검색해 보세요. 어떤 사건들이 나오나요? 그중에 한 사건을 골라 사건의 과정을 알아보고 친구들과 생각을 나누어 봐요.

✦   세계에는 아직도 고문이 벌어지는 나라들이 많아요. 고문이 다시는 일어나지 않게 하려면 우리나라에 어떤 기관과 제도를 만들어야 할지, 시민들은 어떤 일을 해야 할지 자유롭게 상상해 봅시다.

서대문형무소 역사관
답사 여행

서대문형무소 역사관 답사를 떠나며

서울 지하철 독립문역 5번 출구로 나와 왼편 언덕길을 올라가면 서대문형무소 역사관이 나옵니다. 이곳은 1907년 일제가 조선 애국지사들을 가두려고 만든 감옥입니다. 처음에는 경성 감옥이라 불렸지요. 군사 정권을 거치면서는 민주화 운동을 했던 이들이 이곳으로 끌려 왔습니다. 그러는 사이 감옥의 이름도 서대문감옥, 서대문형무소, 서울형무소, 서울교도소, 서울구치소로 바뀌어 갔지요.

1987년 서울구치소는 경기도 의왕시로 옮겨졌어요. 그러면서 역사성과 보존 가치를 고려해 몇몇 건물을 남겨 두고, 옛 건물을 복원하기도 했습니다. 이렇게 일제에 맞선 독립운동가들을 기리기 위한 서대문형무소 역사관이 탄생하게 됩니다.

이곳 감방은 여름이면 뜨겁고 겨울이면 얼음이 꽝꽝 얼 정도로 추웠다고 해요. 갇혀 있는 것만으로도 살아남기 힘든 곳이었지요. 독립운동가들은 영양실조로 죽거나 고문 후유증으로 죽기도 했어요.

서대문형무소의 길고 붉은 담장 앞에 서 봅니다. 1923년에 설치된 4미터 높이의 이 담장 총 길이는 원래 1킬로미터가 넘었습니다. 이 담장 앞에서 얼마나 많은 사람들이 서성였을까요? 가족을 면회조차 못 하고 하염없이 기다려야 했던 사람들도 있었을 거예요. 수감자의 가족들은 길 건너편 골목 여관에 방을 잡고 매일 이 담장 앞에 서 있었다고 해요. 얼굴이라도 한번 볼 수 있을까 하는 희망을 품고요. '옥바라지 골목'으로 불렸던 그 여관 골목은 이제 재개발로 사라져 버렸지만, 이전의 역사를 돌아볼 수 있게 작은 기념관이 들어서 있지요.

3·1운동 돌아보기

1910년부터 1945년 해방을 맞기까지 조선은 35년 동안 일본의 식민지가 되어 강제로 지배를 당했습니다. 일제가 가장 중요하게 생각했던 것은 조선의 민족 정신을 말살시키고 자원을 약탈하는 것이었어요. 그래서 조선총독부를 설치했지요.

조선총독부는 군대와 경찰을 앞세워 조선인들을 탄압했어요. 수많은 독립운동가들을 죽이고 감옥에 가두었지요. 그래도 조선의 독립운동을 막을 수는 없었습니다. 오히려 일제의 무자비한 탄압이 계속되자 일본에 대한 분노와 저항 정신이 점점 커져만 갔지요. 독립운동가들은 상하이, 만주와 연해주, 미국, 일본 등지에서 회의를 열고 독립 선언을 준비했습니다. 조선에서도 이에 발맞추어 민족주의자들과 학생들이 독립운동을 계획하기 시작했지요. 비밀리에 독립선언서를 사람들에게 나누어 주며 때를 기다렸습니다. 그리고 1919년 3월 1일, 서울에서 독립선언문이 낭독되었고 평양을 비롯한 여섯 도시에서 동시에 독립 만세 운동이 일어났습니다.

3·1운동은 몇 달 동안 계속되었습니다. 도시에서 농촌으로 이어지며 조선 전체로 퍼졌지요. 만주, 연해주, 오사카, 필라델피아 등 해외 도시에서도 독립 만세 운동이 일어났습니다. 시간이 갈수록 학생과 지식인부터 농민까지 각계각층의 다양한 사람들이 참여해, 결국 역사상 가장 큰 규모의 항일 운동이 되었지요.

서대문형무소 역사관 답사 코스

❶ 보안과 청사 ····▶ ❷ 중앙사와 10, 11, 12 옥사 ····▶ ❸ 사형장 ····▶ ❹ 여옥사

보안과 청사

서대문형무소 역사관 입구에 서 봅니다. 왼쪽으로 커다랗게 솟은 망루가 보여요. 감옥에 갇힌 사람들을 감시하는 곳이지요. 정문에 들어서면 가장 먼저 지붕이 높게 솟은 건물이 보입니다. 바로 보안과 청사입니다. 형무소의 모든 업무를 관리하고 지휘하는 건물이었지요. 지금은 전시실로 쓰이고 있어요.

보안과 청사 건물은 1923년에 지어졌는데 1층은 사무실, 2층은 회의실, 지하는 조사실로 쓰였어요. 조사실은 사실 이곳에 갇힌 사람들을 고문하는 장소였지요. 일제 경찰들은 이곳에서 독립운동가들에게 혹독한 고문을 하며 수사를 했어요.

제일 먼저 조사실이 있던 지하로 내려가 봅니다. 이제는 고문 체험관으로 쓰이고 있어요. 다양한 고문 방식에 대해 설명하고, 실제로 어떻게 고문이 이루어졌는지를 고문 도구와 사람 크기의 인형을 통해 보여주는 곳입니다. 천장에는 사람 모형이 거꾸로 매달려 있어요. 옆방에는 물고문을 하는 모습이 그대로 재현되어 있고요. 고문에 쓰였던 각종 도구들도 보입니다.

벽관 고문을 체험하는 곳도 있어요. 벽관 고문이란, 벽에 세워진 관 속에 들어가는 고문이에요. 키 높이에 따라 여러 종류의 벽관이 세워져 있는데, 한번 들어가면 밖에서 걸쇠로 걸어 잠가 나올 수 없어요. 무릎을 굽히지 못하고 똑바로 선 채로 관 속에서 버텨야 하지요. 상상만으로도 견디기 힘들 것 같아요. 그 옆으로는 더 잔인한 고문 기구들도 보입니다.

고문은 일제가 식민지를 지배하던 방식 중 하나였습니다. 끔찍한 고문을 개발해 우리의 몸과 마음을 병들게 하고 순순히 자신들의 말을 따르게 만들려는 의도였지요. 특히나 이곳에서는 일제에 저항하는 마음을 뿌리 뽑아 독립운동의 불길을 꺼뜨리고자 했기 때문에 고문이 더욱 잔혹했다고 합니다. 그런데 일제가 우리에게 보여 준 고문과 폭력은 해방 후 대한민국에 그대로 이어졌어요. 친일 세력을 청산하지 못해 일제의 전통을 이어받은 사실이 부끄러울 따름이지요.

이제 1층과 2층을 둘러볼 차례입니다. 1층에는 서대문형무소의 역사가 전시되어 있어요. 1908년 일본에 의해 경성 감옥으로 문을 열었을 때부터 1987년 서울구치소로 사용되기까지의 모습을 볼 수 있지요. 2층에는 세 개의 관으로 이루어진 민족저항실이 있습니다. 독립운동의 역사와 함께 나라의 독립을 위해 싸운 독립운동가들에 대한 자료를 만나 볼 수 있는 곳이지요. 이곳에는 특별히 마음을 울리는 전시가 있습니다. 바로 민족저항실 2관입니다. 그곳에 들어서면 벽을 온통 빽빽하게 채운 전시물에 놀라게 됩니다. 네 개의 벽 중 창이 있는 벽을 제외한 세 개의 벽이 모두 '수형 기록표'로 채워져 있기 때문이에요.

이곳에서 발견된 수형 기록표는 총 5천 장 정도예요. 그 가운데 20장 정도를 제외하고는 모두 독립운동을 했던 사람들의 정보가 적힌 기록표였지요. 기록표를 차분히 둘러볼까요? 유관순, 안창호 등 우리에게 익숙한 인물들부터 찾아보게 됩니다. 하지만 이곳에는 지금껏 알지 못했던 사람들이 훨씬 더 많이 있습니다. 희미하게 퇴색

수형 기록표

수형 기록표란 감옥에 갇힌 사람의 정보를 기록해 둔 작은 종이입니다. 앞면에는 사진 촬영 일자와 촬영 장소, 앞모습과 옆모습의 사진 등이 있고 뒷면에는 이름과 나이, 키, 특징과 지문 번호가 적혀 있지요. 지문 번호란 지문을 채취해 각자 번호를 매긴 것입니다. 이 정도로 일제는 독립운동가들을 철저하게 관리했어요.

민족저항실 벽면을 빼곡히 채우고 있는 수형 기록표.

된 사진과 이름으로만 남은 독립운동가들을 한 사람 한 사람 보고 있으면 마음이 울컥해집니다.

중앙사와 10, 11, 12 옥사

전시실을 나와 옥사로 이동해 볼까요? 옥사란 죄인을 가두는 감방이 촘촘히 들어선 건물을 말해요. 서대문형무소에는 원래 열두 곳의 남자 옥사가 있었습니다. 지금은 네 군데만 남아 있어요. 바로 9, 10, 11, 12 옥사이지요. 10, 11, 12 옥사는 하나의 건물로 연결되어 있어요. 그 연결된 지점을 중앙사라고 불러요.

중앙사는 2층으로 이루어져 있어요. 1층에는 간수들이 사무를 보는 공간이, 2층에는 감옥에 갇힌 사람들을 교육시키는 강당이 있었다고 해요. 지금은 모두 전시실로 꾸며져 있지요. 중앙사 전시는 감옥에서 수감자들이 어떻게 생활했는지를 보여줍니다. 수감자들이 입었던 옷인 수인복도 보이고, 수감자들이 먹었던 밥인 '틀밥'에 대한 자료도 볼 수 있어요. 크기가 다른 원통형 틀을 이용해 등급에 따라 밥의 양을 다르게 배급했다고 하지요.

중앙사에서 옥사로 연결된 길목에 서면 세 갈래 옥사가 보입니다. 바로 10, 11, 12 옥사입니다. 옥사가 중앙사를 중심으로 마치 부챗살처럼 퍼져 있기 때문에, 가운데에 서 있으면 옥사의 긴 복도 양쪽으로 난 감방 문이 모두 보입니다. 간수들은 이곳에 서서 수감자들을 한눈에 감시할 수 있었다고 합니다. 하지만 감옥에 갇힌 사람들은 간수가 보이지 않지요. 이런 감옥의 형태를 '판옵티콘'이라고 해요.

11, 12 옥사는 독립운동가와 민주화 운동가들이 수감되었던 곳입니다. 옥사는 원형 그대로 보존되어 있지는 않아요. 서울구치소로 운

판옵티콘

판옵티콘(panopticon)은 영국의 공리주의 철학자 제러미 벤담이 만든 말이에요. 그리스어로 판(pan)은 '모두', 옵티콘(opticon)은 '보다'라는 뜻이지요. 벤담은 교도소 건물을 지을 때 가운데에 감시탑을 높게 올리고 그 둘레에 여러 개의 감옥을 만들어야 한다고 주장했어요. 감시탑은 조명을 어둡게 해 그곳에 있는 간수는 보이지 않게 하고, 감옥은 밝게 해 수감자들은 더욱 눈에 잘 띄게 했지요. 그리고 이런 형태의 건물을 '모든 것을 본다'는 의미로 판옵티콘이라 불렀어요.

 판옵티콘 형태의 교도소에서는 감시받는 사람은 감시하는 사람을 볼 수 없지만, 감시하는 사람은 감시받는 사람을 언제든 살펴볼 수 있어요. 감시받는 사람은 언제나 자신이 감시당하고 있다는 생각에 행동을 스스로 더욱 조심하게 되지요.

판옵티콘 방식을 구현한 옥사.

영되던 때에 그 모습이 많이 훼손되었기 때문이에요. 옥사들마다 민주화 운동이나 독립운동 관련된 전시들이 그때그때 주제를 달리해 열리고 있지요.

옥사 1층 복도를 걸어다니며 감방을 둘러볼까요? 직접 감방 안에 들어가 수감 체험을 할 수도 있어요. 감방은 세 평 남짓 좁은 공간이에요. 이 작은 곳에 열 명도 넘는 사람들이 함께 갇혀 있었다고 해요. 감방 문 옆으로 작은 구멍에 걸려 있는 나무 막대가 보여요. 바

감방에 설치된 패통.

로 패통이에요. 패통은 수감자들이 간수를 부를 때 썼어요. 수감자들은 급한 일이 생겨도 간수를 소리 내어 부를 수 없었어요. 대신 이 구멍 속으로 손가락을 넣어 패통을 치면, 패통이 딱 소리를 내며 복도 쪽으로 쓰러지지요. 간수가 패통이 쓰러진 것을 발견할 때까지 수감자들은 하염없이 기다려야 했어요.

12 옥사에 이르면 독방을 볼 수 있어요. 독방은 먹물을 뿌린 듯 캄캄한 방이라는 뜻인 '먹방'이라는 이름으로도 불려요. 독방 안은 한 사람이 겨우 누울 수 있을 정도로 작고 종일 빛이 한 줌도 들지 않지요. 이 방에 갇힌 사람은 바깥세상과 완전히 분리되어 무시무시한 심리적 고통을 겪었어요. 일제 경찰들은 독립운동가를 이 방에 가두고, 고문과 폭행을 일삼았어요.

사형장

9 옥사 옆에는 격벽장이 있습니다. 격벽장은 벽으로 칸을 막고 그 안에서 수감자들이 운동을 하게 했던 시설이에요. 부채꼴 담 안으로 마치 피자 조각처럼 생긴 작은 공간들이 벽으로 나누어져 있어요. 수감자들은 그곳에 한 명씩 들어가 운동을 하고, 교도관은 부채꼴의 꼭짓점에 해당하는 위치의 단 위에 올라가 모든 공간을 감시합니다. 한눈에 모든 수형자들이 운동하는 모습을 점검할 수 있는 판옵티콘 형식이지요.

격벽장을 지나면 붉은 담장으로 둘러싸인 사형장이 나옵니다. 서대문형무소 가장 깊은 곳에 있지요. 사형장 옆으로는 165명의 독립 투사들을 추모하는 추모비가 서 있고요.

사형장 앞에 서 볼까요? 그곳에는 커다란 미루나무가 하늘 높이 솟아 있었습니다. 사형선고를 받은 독립운동가들이 사형장으로 끌려가는 길에 이 나무를 붙잡고 통곡을 했다고 해서 '통곡의 미루나무'로 불렸지요. 그 미루나무는 안타깝게도 몇 년 전 태풍 때문에 쓰러져 죽었습니다. 그런데 사형장 안에도 미루나무가 한 그루 더 있었

사형장 안 미루나무. 담장 너머에는 시원하게 자란 미루나무 한 그루가 있었다.

답니다. 이 두 그루의 미루나무는 사형장이 지어졌던 1916년에 심은 나무입니다. 그런데 신기하게도 사형장 밖 미루나무는 쑥쑥 자라 커다랗게 되었는데, 사형장 안의 미루나무는 자라지 않고 말라 비틀어져 결국 죽고 말았습니다. 그래서 지금은 나무 그루터기만 남아 있지요. 사람들이 죽는 모습을 지켜보느라 제대로 크지 못한 것은 아닐까요?

　사형이 집행된 곳은 삼각형 지붕에 검은색 나무로 지어진 작은 건물이에요. 사적으로 지정되어 훼손을 막기 위해 안에 들어가 볼 수도 없도록 입구를 막아 두었어요. 사형장에서 목숨을 잃은 사람들 가운데는 독립운동을 하다 죽은 사람들, 민주화 운동으로 사형에 처해진 사람들, 또는 간첩이라는 억울한 누명을 쓰고 죽은 사람들도 있어요. 대한 독립 만세를 외치며 이곳에서 죽어 간 수많은 사람들은 어떤 심정이었을까요? 또 몇 십 년이 흘러 같은 곳에서 민주주의를 외치며 죽어 간 사람들은 또 어떤 마음이었을까요?

여옥사

정문 왼편에는 작은 건물이 하나 있어요. 바로 여성 수감자들이 머물렀던 여옥사예요. 이곳은 1918년에 세워져 1979년까지 사용되었고, 그 뒤로 철거되었어요. 하지만 교도관들 사이에서는 이곳에 여옥사가 있었고 많은 여성 독립운동가들이 그곳에 갇혀 있었다는 이야기가 전해졌어요. 2009년에 설계도면이 발견돼, 2011년에 지금의 모습으로 복원되었어요.

여옥사에 가면 이곳에 구금되었던 여성 독립운동가들에 대해 좀 더 자세히 알 수 있습니다. 유관순 판결문, 유관순 수형 기록표도 볼 수 있고, 흙물이 든 버선과 검정 고무신처럼 다른 옥사에서는 볼 수 없었던 전시품도 눈에 띕니다.

여옥사 8호 감방은 특히 유관순 열사가 갇혀 있던 곳으로 유명해요. 유관순 열사와 함께 수감된 여성 독립운동가들의 이름도 찾아볼 수 있어요. 모두 3·1운동에 앞장서다 끌려 온 사람들입니다. 개성 지역 3·1운동을 지도한 권애라 지사, 수원에서 동료 기생들과 함께 독립 만세를 외쳤던 기생 김향화 지사, 독립선언서를 나누어

기억해야 할 여성 독립운동가들

1919년 전국에서 일어난 3·1운동에는 이화학당, 배화학당, 경성여중고, 경성여자미술학교 등 서울의 여학교 학생들과 그밖의 수많은 여성들도 적극적으로 참여했어요. 특히 개성에서 여성 독립운동가들의 활동이 빛났습니다. 당시 개성에서는 독립운동의 열기가 식어 누구도 나서려 하지 않는 분위기였지요. 하지만 어윤희, 심명식 지사 등이 독립선언서를 나누어 주고 제일 앞에 서서 독립 만세를 외쳤습니다.

눈에 띄지 않는 곳에서 독립을 위해 자신의 몸과 마음을 바친 여성 독립운동가들도 수없이 많습니다. 많은 이들이 남성 독립운동가의 아내와 딸, 어머니였지요. 남성 독립운동가들을 먹이고 재우는 일, 독립운동에 필요한 돈을 모으는 일, 군복이나 화약 등을 만드는 일은 대부분 이들의 몫이었습니다. 아내는 남편을 대신해 돈을 벌고 집안일을 하면서 독립운동에도 참여했지요. 이름은 널리 알려져 있지 않지만 이런 여성 독립운동가들이 없었다면 독립운동은 이어질 수 없었을 거예요.

주다 잡힌 신관빈 지사, 개성 지역 3·1운동에 참여했던 시각장애인 전도사 심영식 지사, 개성 만세 시위에서 앞장서 만세를 외치다 잡힌 어윤희 지사, 파주에서 만세 운동을 지도한 임명애 지사 등이 있지요.

임명애 지사는 8호 감방에 왔을 때 임신한 상태였습니다. 아기가 태어나자 8호 감방의 독립운동가들은 모두 힘을 합쳐 아이를 길렀다고 해요. 또 8호 감방 사람들은 3·1운동이 1주년을 맞자 감옥 안에서 독립 만세를 외치는 '옥중 투쟁'을 이끌어내기도 했지요. 1920년 3월 1일 오후 1시에 여옥사뿐 아니라 서대문형무소의 모든 감옥에서 3000명이 넘는 수감자들이 "대한 독립 만세!"를 외쳤습니다.

생각 더하기

✦ 　여러 독립운동가들 중에 특히 기억에 남는 사람과 활동이 있나요? 친구들과 같이 이야기해 봐요.

✦ 　서대문형무소 역사관을 다 둘러보고 나서 어떤 생각이 드나요? 우리가 사는 사회에서 감옥은 어떤 역할을 해야 할까요?

✦   감옥에 갇힌 사람들의 열악한 환경에 대해 생각해 봐요. 감옥 안에서도 인간답게 살 권리를 보장해 주자는 주장이 있는데, 왜 그런 이야기가 나오게 되었을까요?

✦   사형제도를 없앤 나라들이 많아요. 우리나라도 1997년 이래로 사형이 집행되지 않았지요. 세계적으로 사형이 줄어들고 있는 이유가 무엇일지 생각해 봐요.

세월호 참사 답사 여행

세월호 참사 답사를 떠나며

'노란 리본'을 보면 가장 먼저 떠오르는 사건이 바로 세월호 참사입니다. 지금도 여전히 사람들은 세월호 참사를 잊지 못하고 매년 4월 16일 도시 곳곳에 뒤덮인 노란 리본을 보면 슬픔에 잠깁니다.

세월호 참사는 우리나라 국민 모두에게 큰 상처를 남겼습니다. 게다가 왜 그런 참사가 일어났는지 진실이 완전하게 밝혀지지 않았기에 유가족들은 지금도 진실을 밝히고자 노력하고 있지요.

이제 전국의 여러 도시에 있는 세월호 기억 공간을 소개하려 합니다. 세월호 참사는 진도 앞바다에서 일어났고 희생자의 대부분은 안산시 단원고등학교 학생들이었지만, 결코 진도와 안산 지역만의 일이 아니기 때문이에요. 여러 도시의 기억 공간들을 둘러보며 세월호 참사에 대해 알아보고, 희생자들을 잊지 않고 기억하는 시간을 가지게 되기를 바랍니다.

세월호 참사 돌아보기

2014년 4월 15일, 여객선 세월호는 사람들을 태우고 인천 연안 여객터미널을 출발해 제주로 향했습니다. 그런데 다음 날인 4월 16일, 전남 진도군 병풍도 앞바다에서 그만 침몰하고 말았습니다. 목숨을 잃었거나 끝내 찾지 못한 사람이 모두 304명에 이르는 비극적인 사건이었지요. 탑승객 476명 가운데 살아 돌아온 사람은 172명에 불과했어요. 특히 세월호에는 안산의 단원고등학교 2학년 학생이 325명이나 타고 있었어요. 제주도로 수학여행을 떠나는 길이었지요. 그중 250명의 학생이 살아 돌아오지 못했습니다.

세월호가 왜 갑자기 침몰했는지 정확한 원인은 아직도 밝혀지지 않았어요. 확실한 것은 배가 가라앉는 동안에도 배 안에서는 '가만히 있으라'는 말만 방송되었을 뿐 배 안의 사람들을 구하기 위한 활동은 일어나지 않았다는 것입니다. 심지어 세월호의 선장과 선원들은 사람들을 배 안에 남겨둔 채 해경의 보트를 타고 먼저 탈출해 버리기도 했어요. 많은 사람을 구할 수 있는 충분한 시간이 있었지만 결국 수많은 사람들이 희생되었어요. 시민들도 이 사건에 큰 충격을 받았지요. 진실을 밝히고 책임자를 처벌하라며 촛불을 들고 광장에 모였습니다.

세월호 참사는 여전히 진상이 밝혀지지 않고 있어요. 하지만 이 사건으로 수많은 사람들이 민주주의와 안전한 사회에 대해 다시 한번 생각하게 되었습니다.

세월호 참사 답사 코스

❶ 목포 신항
❷ 진도 팽목항
❸ 안산 4·16 기억교실
❹ 인천 세월호 일반인 희생자 추모관
❺ 서울 세월호 임시 기억관

목포 신항

**위치: 전남 목포시 신항로294번길 45
목포신항만**

세월호 참사 현장 답사의 첫 번째 장소는 바로 목포 신항입니다. 바닷속에서 끌어올린 세월호를 바로 이곳에 세워 두었기 때문이지요. 세월호는 2014년 4월, 인천에서 제주도를 향해 떠났습니다. 하지만 제주도에 도착하지 못하고 아직도 이곳 목포에 머물고 있습니다. 그래서 오늘도 세월호를 잊지 못하는 사람들은 목포를 찾습니다. 녹슬고 망가진 세월호를 보며 잊지 않겠다고 다짐하기 위해서지요.

목포 북항 입구 사거리를 지나 목포대교를 넘으면 목포 신항이 보입니다. 목포 신항에 가까워질수록 주변에 걸린 노란 리본들이 점점 더 많아집니다. 이제는 세월호의 상징이 된 수많은 노란 리본들 사이로, '잊지 않을게' '진실을 밝혀 주세요' 등 세월호 희생자들을 추모하는 글귀들도 만날 수 있어요. 세월호 참사와 관련된 자료들도 곳곳에 서 있지요.

세월호는 바다와 맞닿은 곳에 서 있습니다. 철조망이 세월호 앞을 가로막고 있어 일반인들은 안으로 들어가 볼 수 없어요. 아직도 세월호 조사 작업이 다 끝나지 않았고, 배가 부서지고 녹슬어 안전하지 않기 때문이에요. 하지만 멀리서 보는 것만으로도 희생자와 유가족들의 고통이 느껴집니다. 어떻게 이렇게 큰 배가 그렇게 쉽게 침몰하고, 배에 탄 사람을 아무도 구할 수 없었을까 하는 질문이 머릿속에서 떠나지 않아요. 세월호 주변에는 세월호에 실려 있었던 짐과 자동차들도 보입니다. 오랜 시간이 흐르는 동안 세월호도, 자동차들도 여기저기 낡고 부서지고 녹이 슬었습니다.

세월호는 침몰한 지 1073일 만에 다시 바다 위로 모습을 드러냈습니다. 그리고 2017년 3월 31일, 목포 신항으로 옮겨졌지요. 2014년에 침몰했으니 3년 동안이나 바닷속에 있었던 셈이에요. 세월호가 목포 신항에 온 날, 세월호 유가족들은 밤차를 타고 이곳으로 내려와 철조망에 노란 리본을 매달았습니다. 세월호를 잊지 못한 시민들도 함께요.

사람들은 세월호가 끌어 올려지기만 하면 사고 당일에 무슨 일이 있었는지 쉽게 밝혀질 거라고 여겼습니다. 세월호 참사를 조사하기 위해 사회적 참사 특별조사위원회도 만들어졌지요. 하지만 여전히 완전한 진상은 밝혀지지 않고 있어요.

철조망 양쪽으로는 단원고등학교 학생들의 사진이 반별로 걸려

사회적 참사 특별조사위원회

세월호 사고는 대표적인 '사회적 참사'라고 불리는 사건입니다. 사회적 참사란 무엇일까요? 사람은 여럿이 모여 사회를 이루어 살아가요. 다른 사람과 관계를 맺지 않고는 살아갈 수가 없지요. 세월호 참사는 사고를 당한 사람들뿐만 아니라 그들과 한 사회에서 살아가는 우리 모두에게 큰 충격을 주었습니다. 게다가 사고의 원인도 한두 사람의 잘못이라기보다는 선박 회사와 해경 등 사회를 이루고 있는 커다란 집단의 잘못이 컸지요. 그래서 우리 사회 전체에 엄청난 영향을 미쳤습니다. 이렇게, 개인의 문제로는 설명할 수도, 해결할 수도 없는 큰 사건을 사회적 참사라고 부릅니다.

사회적 참사는 반드시 사회 구성원 모두가 피해자의 입장에서 함께 고민하고 해결해 나가야 합니다. 그 사고가 피해자들의 문제일 뿐만 아니라 나 자신의 문제가 되기도 하기 때문이지요. 이렇게 사회 전체가 큰 사건에 관심을 가지고 원인을 파헤치고 피해자를 돕는 과정을 '사회적 해결'이라고 합니다.

'가습기 살균제 사건' 또한 4·16 세월호 참사와 더불어 대표적인 사회적 참사예요. 두 사건 모두 제대로 진상 규명과 가해자 처벌이 이루어지지 않고 있기 때문이지요. 국회에서도 이 두 사건을 해결하기 위해 사회적 참사 특별법을 통과시켰어요. 그리고 가습기 살균제 사건과 4·16 세월호 참사의 진상 규명, 안전 사회 대책, 피해자 지원을 위해 조사 기구를 만들었어요. 이것이 사회적 참사 특별조사위원회입니다.

이 조사위원회는 2022년 9월 활동을 끝냈습니다. 그렇지만 가습기 살균제 참사, 세월호 참사의 진실을 모두 밝히기에는 한계가 있었습니다.

있어요. 그 옆에는 아직도 가족의 품으로 돌아오지 못한 다섯 사람의 사진도 걸려 있지요. 이 사람들을 '미수습자'라고 부릅니다. 세월호를 목포 신항에 세워 두고 샅샅이 수색했지만, 이들 다섯 사람의 흔적은 어디에서도 찾을 수 없었어요. 단원고 학생 남현철, 박영인, 단원고 선생님 양승진, 일반인 승객 권재근, 권혁규입니다. 권재근 씨의 일곱 살 아들 권혁규 군은 자신의 구명조끼를 벗어 다섯 살 동생에게 입혀 주고는 자신은 구조되지 못했어요. 이들의 이름을 마음속으로 불러보고, 기억해 주기를 바랍니다.

침몰한 여객선이 바다 위로 올려진 것은 세월호가 처음이라고 해요. 세월호도 바다에 가라앉은 그대로 두려고 했습니다. 하지만 국민들이 거세게 반대했지요. 세월호를 찾아 진실을 밝혀야 했기 때문입니다. 결국 세월호 참사 1주기 때인 2015년 4월 16일, 세월호를 끌어올리자는 결정이 내려졌어요. 그러고도 2년이 지나서야 세월호가 모습을 드러냈으니, 유가족의 노력과 시민들의 관심이 없었다면 세월호는 지금도 바닷속에 가라앉아 있을지 모를 일입니다.

앞으로 세월호는 목포 신항에서 1.6킬로미터 정도 떨어진 고하도에서 보존될 계획이에요. 세월호를 잊지 않고, 앞으로 이와 같은 비극이 벌어지지 않게 하자는 의미이지요. 세월호 옆에는 세월호 희생자를 추모하고 기억하는 '국민 생명 기억관'도 함께 세워지고요.

진도 팽목항

위치: 전남 진도군 임회면 진도항

진도는 단원고등학교 학생들이 살던 안산에서 자동차로 네 시간이 넘게 걸리는 먼 곳입니다. 그런데도 세월호 사고 후, 많은 사람들이 진도의 팽목항에 모여들었습니다. 사고를 당해 실종된 사람들이 무사히 돌아오기를 바라며 유가족과 시민들이 이곳에서 구조 소식을 기다렸기 때문입니다. 하지만 구조된 사람들은 아주 적었고, 대부분의 사람들이 세상을 떠난 후 이곳 팽목항에 도착했습니다. 시신마저도 찾지 못한 미수습자 가족들은 오랫동안 이곳에 머물며 희생자가 돌아오기만을 바랐습니다. 유가족들의 슬픔과 한이 어린 곳이 바로 진도 팽목항입니다.

팽목항 입구로 걸어가 볼까요? 방파제에는 새 신발들이 놓여 있습니다. 바로 희생된 단원고등학교 학생들의 부모님들이 갖다 놓은 것이에요. 학생들이 평소에 신고 싶어 하던, 부모님들이 자식들에게 신겨 주고 싶어 하던 신발이래요. 이곳에도 역시 수많은 노란 리본들이 바람에 나부끼고 있습니다. 팽목항이 가까워지면 가장 먼저 빨간

아직도 시간이 멈춰 있는 듯한 팽목항.

 등대가 눈에 띕니다. 노란 리본이 커다랗게 새겨진 등대 아래에는 작은 우체통이 있습니다. 바로 '하늘나라 우체통'입니다. 세월호 참사로 목숨을 잃은 사람들에게 편지를 써서 하늘나라로 보내며 아픔을 달래고자 만들어진 것이지요. 희생자들의 이름이 새겨진 추모 벤치도 있어요.

 팽목항 바로 옆에는 '세월호 팽목 기억관'이 자리 잡고 있어요. 컨테이너로 지어진 기억관은 작지만 세월호 참사를 잊지 못한 사람들이 반드시 다녀가는 곳입니다. 잊지 않겠다는 다짐이 적힌 노란 리본이 빼곡히 달려 있지요. 단원고등학교 학생이었던 고 고우재 학생의 아버지가 참사 이후 이곳을 오랫동안 지켰어요. 지금은 사람들이 돌아가며 지키고 있어요.

팽목항에서 배를 타고 한 시간 반 정도 바다를 달리면 세월호가 침몰한 현장에 가까이 다가갈 수 있어요. 해류가 세기로 유명해서 맹골수도라고 불리는 곳이지요. 세월호 유가족에게 팽목항은 아이들을 기다리던 장소이기도 하고, 세상을 떠난 아이들을 마주한 자리이기도 해요. 그래서 이곳에 제대로 된 기억관이 세워지기를 유가족들은 바라고 있어요.

하지만 개발로 인해 팽목 기억관은 사라질 위기에 처했어요. 이제는 팽목항이라는 이름도 진도항으로 바꾸고, 세월호 참사로 잠시 멈추었던 개발도 다시 진행되고 있지요. 몇 년 전만 해도 미수습자의 유가족들이 이곳을 지키고 있었지만, 2017년에 세월호가 목포 신항으로 옮겨진 뒤 미수습자 유가족들도 목포로 자리를 옮겼어요. 그래서 팽목항에 있었던 가건물들도 모두 치워졌어요. 유가족들은 팽목항이 서서히 사람들 마음속에서 잊히지 않을까 안타까워 하고 있어요.

팽목항을 다 둘러보았다면 '바람길' 코스를 답사해 보는 것도 좋아요. 진도 바람길은 진도 군민들과 '세월호 광주 시민 상주 모임' 등의 시민들이 함께 만든 진도 세월호 기억 여행 코스예요. 세월호 참사를 잊지 않기 위해 세월호 참사와 관련된 진도의 여섯 곳을 소개하고 있지요. 유가족들이 구조 소식을 애타게 기다리며 머물렀던 실내 체육관, 시민들이 세월호를 잊지 않겠다고 다짐하며 조금씩 힘을 합쳐 만든 세월호 기억의 숲, 팽목항과 팽목 기억관, 팽목 가족 식당 그리고 동거차도에 있는 세월호 인양 기록 초소 등이 이 지도에 표시되어 있답니다.

　팽목항에 가면 동거차도에 가는 배를 탈 수 있어요. 동거차도에는 세월호가 인양되는 모습을 지켜보던 유가족들이 머물던 감시 초소가 있었지요. 세월호가 바닷속에서 끌어 올려질 때까지, 유가족들은 세월호 인양 작업을 감시하기 위해서 가까이에서 지켜보기로 했어요. 그래서 이곳 동거차도에 왔지요.

　초소가 있었던 동육 마을로 향해 볼까요? 초소가 있던 산마루로 오르면 지금도 길가에 노란 리본이 군데군데 묶여 있어요. 유가족들은 산마루에 텐트를 치고 교대로 침몰 현장을 지켜보았어요. 초소가 있던 자리에는 이제 텐트 대신 돌무더기를 쌓아 만든 노란 리본이 있어요. 그 자리에 서서 바다를 바라보면, 멀리 섬이 보입니다. 바로 병풍도예요. 병풍도와 동거차도 사이의 파란 바다에 세월호가 침몰했습니다.

산마루에서 침몰 현장까지는 3킬로미터밖에 떨어져 있지 않다고 해요. 세월호에 타고 있던 사람들이 바다로 뛰어들 수만 있었다면, 구명조끼만 입고 있었더라면, 육지에서 3킬로미터밖에 떨어져 있지 않았으니 구조될 수 있지 않았을까요? 감시 초소가 있던 자리에서 바다를 내려다보면 이런 안타까움에 가슴이 먹먹해지지요.

유가족들은 배를 하나 구입해 '진실호'라는 이름을 붙이고 침몰 현장을 왔다 갔다 하기도 했어요. 동거차도 사람들은 집을 내어 주고 먹을 것을 나누어 주며 유가족들을 따뜻하게 도와주었지요. 사람이 찾지 않는 작고 평화로운 섬이었던 동거차도는 그렇게 세월호 참사의 또 다른 현장이 되었답니다.

안산 4·16 기억교실

위치: 경기 안산시 단원구 적금로 134
4·16 민주시민교육원

안산은 세월호 참사로 가장 많은 희생자가 나온 도시예요. 하지만 안산에는 아직 추모 공원이나 추모관이 없어요. 대신 단원고등학교 학생과 선생님들을 추모하는 기억교실이 4·16 민주시민교육원에 있지요. 합동분향소가 있었던 화랑유원지에는 생명안전공원이 세워질 예정이고요. 기억교실과 화랑유원지는 세월호 유가족들에게는 아주 특별한 의미가 있는 장소입니다. 이곳을 둘러보며 희생자들을 추모하는 시간을 가져 봅시다.

세월호 사건이 터진 직후, 안산은 도시 전체가 슬픔에 휩싸였습니다. 세월호를 타고 수학여행을 떠났던 많은 단원고등학교 학생과 선생님들이 영영 집으로 돌아오지 못했기 때문입니다. 이웃집 아이가, 같은 학교의 선생님이, 친구의 친구가 세월호 참사 희생자가 되었습니다. 그래서 합동 분향소에는 매일같이 줄이 길게 늘어서 있었습니다.

하지만 유가족들은 마냥 슬퍼하고만 있을 수는 없었어요. 진실을 밝히기 위해 나서고, 함께 모여 슬픔을 나누고 함께 힘을 내기도 했지요. 합동 분향소가 있었던 경기도 미술관 주차장에는 유가족 대기실이 있었어요. 이곳을 중심으로 유가족들은 여러 활동을 시작했지요. 함께 모여 뜨개질을 하고, 목공방을 만들어 필통, 책상 등도 만들었습니다. 이렇게 만들어진 물건들은 '엄마랑 함께하장'이라는 문화장터에서 팔기도 했어요. 매년 열리는 이 장터에서, 유가족들은 세월호 참사가 잊히지 않게 사람들을 만나고, 직접 만든 물건들을 팔아 그 수익금을 안산시의 가난한 이웃들을 돕는 데 쓰기도 해요.

4·16 기억교실은 처음에는 단원고등학교 안에 있었어요. 수학여행을 떠났던 단원고등학교 2학년 학생들의 교실 열 개와 교무실 한 개를 한동안 희생자들을 기리며 비워 두었지요. 하지만 2016년 2월에 희생 학생들의 동기들이 모두 졸업하고 나서는 기억교실을 그대로 학교 안에 두어서는 안 된다고 생각하는 사람들이 생겼어요. 단원고등학교를 다니는 학생들을 위해 교실을 돌려줘야 한다고요. 유가족들은 아이들이 다녔던 학교에 기억교실이 남아 있기를 바랐지만요. 결국 기억교실은 4·16 민주시민교육원이 만들어진 다음 이곳으로 옮겨졌습니다.

4·16 민주시민교육원은 시민들에게 세월호 참사를 알리고 안전하고 민주적인 사회를 만들기 위한 교육 공간이지요. 이곳에는 참

세월호 희생자 학생들이 다녔던 안산 단원고등학교 2학년 교실을 복원한 4·16 기억교실.

사 직후부터 단원고등학교 희생자들의 유품과 기록, 세월호 참사 관련 자료들을 모으고 제대로 보관하는 데 힘써 온 '기억저장소'도 있어요. 기억저장소는 희생자 유가족들의 이야기를 책으로 묶어 내기도 하고 마을 사람들의 이야기도 기록하기도 해요. 아이들을 위해 모든 것을 기록으로 남기고자 하는 것이지요.

　기억교실을 한번 둘러볼까요? 기억교실에는 희생된 아이들과 선생님의 흔적이 고스란히 보존되어 있어요. "사랑해" "보고 싶어" 같은 글자들도 교실 칠판에 빼곡하게 적혀 있고요. 3반 교실 뒤편 벽에는 2014년 달력이 걸려 있어요. 4월 15일부터 18일까지는 수학여행이 표시되어 있습니다. 돌아오지 못한 학생들 책상에는 사진과 꽃, 공책이 놓여 있습니다. 아무것도 놓이지 않은 책상은 생존 학생들의 자리입니다.

기억교실은 사라져 가는 시간을 붙잡아 둔 곳입니다. 그러니 한 곳 한 곳 천천히 둘러봐야 해요. 세월호 희생자가 되기 전, 교실에 앉아 수업을 듣고 친구들과 수다를 떨었을 평범한 학생들의 모습을 떠올려 봅니다. 도대체 왜 이런 일이 일어났을까 하는 생각에 가슴 한쪽이 답답해집니다.

화랑유원지에 들어설 생명안전공원은 2024년에 공사가 시작될 예정이에요. 처음에는 이 결정에 반대하는 안산 시민들이 아주 많았어요. 그래도 유가족들은 마음의 상처를 입으면서도 포기하지 않고 시민들을 설득했어요. 화랑유원지는 단원고등학교가 한눈에 보이는 곳에 있어요. 단원고등학교 학생들이 친구들과 만나 뛰어놀고, 함께 소풍을 가기도 했던 곳이지요. 세월호 참사 유가족들은 시민들이 언제든 볼 수 있는 곳, 시민들 삶과 가까이 있는 곳에 추모 공원이 세워져야지만 희생자들이 잊히지 않을 거라 생각했어요.

세계적으로도 추모 공간이 시민들의 삶의 터전 가까이 지어진 도시가 많아요. 예를 들어 볼까요? 미국 뉴욕 맨해튼에서 일어난

세월호 참사의 상징, 노란 리본

노란 리본은 원래 전쟁터로 떠난 사람이 무사히 집으로 돌아오기를 바라는 의미가 담겨 있었어요. 2014년 4월 16일, 세월호가 바닷속에 가라앉고 수백 명의 사람들이 실종되자, 사람들은 실종된 사람들이 무사히 돌아오기를 바라고 또 바랐지요. 그래서 노란 리본 캠페인이 시작되었어요. 노란 리본에는 '하나의 작은 움직임이 큰 기적을'이라는 문구가 적혀 있었어요. 사람들은 노란 리본 그림을 자신의 에스엔에스 계정에 공유하거나 가방에 노란 리본을 달고 다니며 희생자들을 기억했어요. 이런 움직임은 지금까지도 여전히 이어지고 있지요. 그래서 이제 노란 리본을 보면 자연스레 세월호를 가장 먼저 떠올리게 되었답니다.

9·11 테러는 쌍둥이 빌딩이라 불린 세계무역센터 건물이 무너져 내리고, 3천 명 이상의 시민들이 사망한 끔찍한 사건이었어요. 하지만 뉴욕 시민들은 테러가 일어난 세계무역센터를 새로 짓지 않고 그 자리에 추모 공원을 세웠지요. 지금 그곳에는 희생자들의 이름이 새겨져 있고, 뉴욕 시민들은 언제든 들러 추모의 마음을 전하고 있어요.

세월호 참사 유가족들과 세월호 진상 규명을 위해 노력하는 사람들은 세월호를 추모하는 기억 공간이 전국 곳곳에 더 많이 세워져야 한다고 생각해요. 사람들이 쉽게 드나들며 왜 이런 일이 생겼는지를 떠올릴 수 있는 기억 공간이 많이 생겨야만, 세월호 참사 같은 비극적인 일이 되풀이되지 않을 테니까요.

인천 세월호
일반인 희생자 추모관

위치: 인천광역시 부평구 평온로 61

세월호에서 희생된 사람들 가운데는 단원고등학교 학생이나 선생님이 아닌 일반인들도 있었습니다. 하지만 단원고등학교의 희생자가 워낙 많다 보니 일반인 희생자들에게까지 시민들의 관심이 많이 쏠리지는 않았지요. 하지만 이들 역시 우리가 반드시 기억하고 잊지 말아야 할 희생자들이 틀림없어요. 그래서 일반인 희생자들만을 위한 추모관이 지어졌지요. 바로 인천에 세워진 세월호 일반인 희생자 추모관입니다.

세월호 일반인 희생자 추모관은 인천가족공원 안에 있어요. 공원 깊숙한 곳에 있어 공원을 찾은 사람들도 추모관이 있는 것을 모르는 경우가 많다고 해요. 공원 안으로 들어가 볼까요? 공원을 둘러싸고 있는 만월산 아래로 노란 리본이 가득한 길이 나옵니다. 추모관은 그 길 끝에 있는 커다란 리본 모양 건물이에요. 리본의 왼쪽 둥근 부분은 추모관으로 쓰이고, 오른쪽 둥근 부분은 안치단으로 쓰입니

세월호 일반인 희생자들을 추모하는 공간인 인천의 추모관.

다. 안치단 안에는 봉안당이 있는데, 이곳에 일반인 희생자들의 유골함들이 있어요. 이 가운데는 바닷속에 가라앉은 세월호를 수색하다가 세상을 떠난 민간 잠수부 두 명도 있습니다. 안타까운 마음을 금할 길이 없지요.

추모관에는 다양한 전시물들이 있습니다. 제일 먼저 눈에 들어오는 것은 추모관 가운데 놓인 세월호 모형이에요. 커다란 두 손이 세월호를 들어올리고 있고, 그 아래에는 노란 리본이 마치 바다처럼 쌓여 있습니다. 이 모형처럼 구조의 손길이 제시간에 세월호에 가 닿았다면 이런 참사도 일어나지 않았겠지요.

참사가 일어나기 전 찍힌 세월호의 시시티비 동영상도 이곳에서 볼 수 있습니다. 앞으로 닥칠 일도 알지 못한 채 사람들은 즐겁게 배 안을 오가고 있어요. 세월호 구조 현장 영상과 팽목항에서 찍은 영상들도 함께 볼 수 있지요. 희생자들의 유품도 이곳에 전시되어 있고요.

세월호를 기억하는 사람들이 잊지 않고 이곳으로도 발길을 이어 주기를 바랍니다.

서울 세월호 임시 기억관

위치: 서울시 중구 세종대로 125
서울시 의회 앞

서울에도 세월호를 기억하고 추모하는 공간이 있습니다. 처음에는 광화문 광장에 세월호 기억관이 생겼어요. 왜 다른 곳이 아닌 이곳에 세월호 기억관이 자리 잡았던 것일까요? 세월호 참사로 인해 슬프고 화가 난 시민들은 광화문 광장에 설치된 분향소로 달려 와 유가족과 함께 눈물을 흘렸어요. 그 뒤로 광화문 광장과 세월호 참사는 떼려야 뗄 수 없는 관계가 되었지요. 하지만 지금은 서울시 의회 앞으로 자리를 옮겨 '세월호 임시 기억관'이라 불린답니다.

세월호 참사 이후, 서울의 광화문 분향소를 찾는 시민들의 발길은 끊임없이 이어졌어요. 하지만 아무리 많은 사람들이 눈물을 흘리고, 진상을 밝히라 말해도 참사가 일어난 날 세월호에서 정확히 어떤 일이 있었는지는 드러나지 않았지요. 결국 2014년 7월, 유가족과 시민들을 위한 농성장이 서울 광화문 광장에 세워졌어요. 사람들은 광화문 농성장에 모여 진상을 밝히라고 외쳤습니다. 2014년 7월에는

'세월호 광장'으로 불리며 연대의 공간이 되었던 광화문 광장. 그리고 그곳에 있던 세월호 기억관.

유가족들이 단식 농성을 벌이기도 했고요.

광화문 광장은 언제나 민주주의를 외치고 독재를 반대하는 사람들이 모여 목소리를 내는 곳이었어요. 세월호 참사 이후에도 다르지 않았답니다. 사람들은 광화문 광장에 모여 세월호의 진상을 밝히고 책임자를 처벌하라며 촛불을 들었어요. 결국 세월호 특별법이 통과되었습니다. 절망하지 않고 싸움을 계속한 세월호 유가족들이 없었다면 이뤄낼 수 없었던 일이었지요.

시민들도 세월호 참사에 큰 충격을 받았습니다. 진상이 밝혀지

세월호 제주 기억관

제주에도 세월호 기억관이 있어요. 아이들이 세월호를 타고 오고 싶어 했지만 끝내 도착하지 못했던 곳이 바로 제주이지요. 이곳에 아이들을 위한 기억 공간을 만들자고 제안한 사람은 바로 세월호 생존 학생의 아버지였어요. 그 뒤 유가족들이 힘을 합쳤고 결국 2019년, 4·3평화공원 근처에 '세월호 제주 기억관'이 문을 열었답니다.

세월호 제주 기억관은 학생들의 생일을 기리는 일도 합니다. 이곳을 운영하는 사람들은 희생자들을 추모하고 슬퍼하기보다는 누구나 편안하게 찾아와 아이들을 기억하고 마음을 나누는 것이 더욱 중요하다고 생각했기 때문이지요. 게다가 이곳에는 세월호를 상징하는 노란 리본뿐만 아니라 4·3 사건의 상징인 동백꽃 배지도 함께 전시되어 있어요. 이곳을 찾은 사람들은 노란 리본과 동백꽃 배지를 함께 받게 되지요. 유가족들이 직접 만든 공예품들도 만날 수 있고요. 제주에 간다면 잊지 말고 들러 보기를 바랍니다.

기를 바라며 광화문 광장에서 촛불을 들었던 사람들 중에는 새롭게 정치에 관심을 가지게 된 사람들도 많았지요. 이렇게 세월호 참사는 희생자와 유가족의 일이 아닌 우리 모두의 일이 되었습니다.

광화문 광장 한쪽에 있던 기억관은 세월호 유가족들이 머무르

크기가 반으로 줄어든 채 서울시 의회 앞마당에 다시 세워진 세월호 임시 기억관.

던 천막을 거두고 2019년에 작은 나무집으로 지어졌습니다. '기억과 빛'이라는 이름의 '기억 및 안전 전시 공간'으로 불리기도 했지요. 흰 벽에는 기억과 빛이라는 제목 아래 수많은 사람들의 이름이 빼곡하게 적혀 있었습니다. 세월호 희생자들의 이름이지요.

2021년 7월 서울시의 광화문 광장 공사 때문에 세월호 기억관은 일방적으로 철거되었습니다. 그리고 넉 달 뒤에 지금의 서울시 의회 앞마당에 임시로 다시 만들어졌습니다. 안타깝게도 광화문 광장에 있던 것보다 크기가 반으로 줄었지만, 여전히 희생자들의 사진을 볼 수 있어요.

이제 세월호 참사 이후 많은 시간이 흘렀습니다. 대부분의 사람들이 다시 제자리로 돌아와 일상을 살고 있지요. 하지만 광장에서 함께 나눈 뜨거운 마음은 결코 사라지지 않을 거예요.

생각 더하기

✦ 세월호 노란 리본에는 잊지 않겠다는 글이 많이 적혀 있습니다. 세월호 참사와 희생자들을 잊지 않으면 무엇이 달라질 수 있을까요? 우리가 세월호를 계속 기억하면서 무슨 일을 할 수 있을까요?

✦ 세월호 얘기를 너무 많이 해서 지겹다는 사람들도 있습니다. 왜 자꾸 안 좋은 사고를 떠올리게 만드냐고 항의하는 사람들도 있고요. 여러분은 세월호 참사 답사를 다녀오고 나서, 이런 사람들에게 어떤 이야기를 해 줄 수 있을까요?

✦　　우리가 사는 집이나, 마을, 학교는 안전할까요? 우리 주위에서 안전을 위협하는 위험한 곳은 없는지 찾아보고, 무엇을 해야 하는지 생각해 봐요.

✦　　국민들이 안전하게 생활할 수 있도록 국가가 해야 할 일들에는 무엇이 있을지 생각해 봅시다. 국가가 어떤 역할을 해야 세월호 참사 같은 사고가 일어나지 않을까요?

초등 고학년을 위한
한국 현대사 답사 여행
우리에겐 기억할 것이 있다

1판1쇄 펴냄 2023년 9월 25일

원작 박래군   **글** 최은영   **그림** 이해정
사진 한승일

펴낸이 김경태
편집 홍경화 남슬기 한홍비   **디자인** 박정영 김재현
마케팅 유진선 강주영   **경영관리** 곽라흔

펴낸곳 (주)출판사 클
출판등록 2012년 1월 5일 제311-2012-02호
주소 03385 서울시 은평구 연서로26길 25-6
전화 070-4176-4680   **팩스** 02-354-4680
이메일 bookkl@bookkl.com
블로그 blog.naver.com/bookkl   **인스타그램** @book_kl

ISBN 979-11-92512-52-5 73910

이 책은 저작권법에 의해 보호를 받는 저작물이므로
무단 전재 및 무단 복제를 금합니다.
잘못된 책은 바꾸어드립니다.

출판사 클의 책을
만나보세요.